해와 바람이 쉬어가는 집

자연형 친환경주택

이규환

예일미디어

해와 바람이 쉬어가는 집

자연형 친환경주택

이 규 환

예일미디어

이 규 환

건축사(제5468호) (주)그린포럼건축사사무소

[학력]
- 한양대학교 대학원 건축공학과 졸업

[경력]
- 국토교통부 친환경건축운영위원회 위원 (2012~2016년)
- 녹색건축센터 인증심의위원 (2012~2018년)
- 대한건축사협회 전문위원 (2006~2015년)

[정부포상]
- 문화체육관광부장관상 (2008년)
- 환경부장관상 (2015년)

해와 바람이 쉬어 가는집
자연형 친환경주택

초 판 1쇄 발행 2023년 1월 30일
지은이 이규환
편 집 김연수
펴낸이 황인주
펴낸곳 예일미디어

서울시 성동구 무학봉 28길4 5층
Tel 02) 456-3201
Fax 02) 456-3202

ISBN 979-11-89886-20-2 93540

값 18,000원

* 잘못 만들어진 책은 바꾸어 드립니다.
* 본 책의 내용을 무단으로 복사 또는 복제할 경우에는 저작권법의 제재를 받습니다.

해바라기집

이 책에서 중요하게 다루는 환경원리는 축열과 대류 그리고 해를 향한 방위 선정이다.

축열을 위해서는 햇살이 머물러야 하고, 대류를 통해서는 바람이 흐른다. 또한 이러한 현상을 위해 해를 바라보는 주택배치가 필요하다.

이런 의미들을 모아 '햇살이 머물고 바람이 흐르는 해바라기집'을 책의 기본 제목으로 정하였으며 이를 좀 더 쉽게 부르기 위해 최종 제목은 '해와 바람이 쉬어가는 집'으로 하였다.

더불어 책 제목이 결정되는 과정에는 한글학회 부설 '전국국어운동고등학생연합회(이하 국운회)' 동문들의 참여가 있었다.

　국운회는 우리의 말과 글 속에 얼이 담겨 있다는 말글얼의 정신으로 우리말 바로쓰기 등 국어순화운동을 전개하기 위해 1970년대에 만들어진 학생연합회이며, 그 동문들은 현재 국문학계, 법조계는 물론 다양한 전문분야에서 각자의 말글얼 정신을 펼치기 위해 노력하고 있다.

끝으로 이 글을 쓰는 동안 가슴 속에는 항상 가족들이 함께 하고 있었음에 감사드린다.

2022년 12월

목차

시작하는 말 ··· 01
01장 지구의 3가지 자원과 인간의 과소비 ··· 05
02장 건축의 3대 요소에 대한 잘못된 믿음 ··· 13
03장 주거공간의 변화와 시대요구 ··· 21
04장 친환경주택의 원조, 한옥 ··· 29
05장 환경 차단형 주택 ··· 37
06장 환경 교류형 주택 ··· 45
07장 전이공간 현관 아트리움 ··· 53
08장 현관 아트리움의 공간 가변성과 건강성 ··· 63
09장 현관 아트리움의 대류식 자연환기기능 ··· 71
10장 현관 아트리움의 에너지절약형 환기기능 ··· 79
11장 현관 아트리움의 실내정원 및 추가기능 ··· 87
12장 다락과 계단에 대하여 ··· 95
13장 배치와 형태계획 ··· 103
14장 단열 원리 및 창문에 대한 이해 ··· 111
15장 건축재료에 대한 이해 ··· 121
16장 주택의 표준화와 지식재산권 ··· 131
17장 해와 바람의 친환경주택 공간구성과 기대 ··· 139
18장 못 다한 이야기들 ··· 147
19장 첫 번째 주택과 표준 계획안 ··· 155
20장 맺음말 ··· 173

시작하는 말

지구는 거대한 규모의 자기조절능력이 있어, 언제나 일정한 환경을 유지할 수 있다.

이는 20세기 과학계에 큰 파문을 일으켰던 가설, '가이아의 이론'이다. 지난 약 6억년 간 지구의 온도와 대기 중의 산소 농도가 생명체에게 적합한 수준으로 꾸준히 유지되어 왔음을 하나의 근거로 제시하며 발표했던 이론이다. 처음엔 이 이론이 인간에게 좋은 것이라고 생각했었다. 그래서 이 이론을 떠올리며 기후위기, 환경파괴라는 두려운 말들이 오고가는 요즘에 혹시라도 지구환경 회복과 인류생존을 위해 지구의 항상성(homeostasis)인 자기조절능력이 인류의 희망이 되어 주지 않을까 기대한 적이 있었다. 그러나 어리석은 착각이었다. 어쩌면 '가이아의 이론'은 사실일 수도 있지만, 가이아의 거대한 자기조절능력은 지구를 위한 것이지, 인간을 위해 작동하는 것이 아니라는 점이다. 일정한 환경수준을 유지하기 위해 환경변화가 생기면 가차없이 변화요인들을 제거해 낼 수 있다는 것이 '가이아 이론'의 본질이다. 지구환경 변화요인에 해당하는 인간은 지금 지구로부터 응징의 대상이 되어 있다는 뜻이 된다. 인간의 과소비로 인해 나타나고 있는 슈퍼태풍, 홍수, 가뭄, 지진, 바이러스 확산 등이 그러하다. 지구에 살고 있으면서, 그 지구의 응징을 피하기 위해 지구에서 숨어 살아가야 하는 운명, 혹시 그것이 기후위기 시대를 살아가야 하는 지금 그리고 앞으로 우리들의 모습이 아닐까?

어쩌면 기후위기를 극복하여 지속가능한 세상을 만들자는 그간의 환경개선 주장들도 너무 안이하고 인간 중심적인 것이 아니었나 반성하게 된다. '지속가능한 세상'의 뜻이 무엇인가? 지금 우리가 누리는 환경조건만큼 우리 후손들도 누릴 수 있게 보호하여 물려주자는 뜻이다. 지금의 이 환경은 후손들의 것을 빌려서 쓰고 있는 것이니, 그들도 안전한 생활이 가능하게끔 환경을 보호하여 물려주어야 한다는 뜻이다. 그러나 진짜 주인은 지금 우리도, 우리의 후손도 아닌 지구 자체가 지구의 주인이 아니었던가. 그냥 지구가 있어 왔고, 인간이 지구의 땅과 바다를 빌려서 살아온 것이 본질인데, 마치 인간이 주인인 것처럼 잘 쓰고 후손에게 물려주자는 생각 자체가 문제가 있었던 것이 아닐까 반성하게 된다. 보다 겸손하게 지구환경과 소통하고 교류하면서 지구로부터 인간의 건강과 안전에 대한 보장을 기대하며 살아가야 하는 것이 진짜 필요한 모습이 아니었을까? 지구에서 "방 빼!"라 한다고 인류 전체가 달이나 화성으로 이주할 수 있는 일은 아니지 않는가! 지속가능한 세상만들기는 후손에게 물려주기 위함이 아니라 사실은 지금 당장 우리의 생존을 위한 것이다. 또한 우리 후손들도 살 수 있게 방법을 알려주는 것이다. 인간이 안전하고 건강하게 살 수 있기 위해서는 지구의 자기조절체계가 화내지 않고 평화로운 환경이 유지될 수 있도록 노력해야 하는 것이다. 진정한 지속가능한 세상만들기란 인간이 지구활동을 방해하는 일이 없이 공존하는 방법을 배우고 노력해서 실천하는 것이 맞다. 이미 망가진 환경은 인간이 노력하여 회복시켜야 한다. 그래야 인간이 살 수 있다. 인간은 환경의 동물이다.

'가이아 이론'에 대한 학설로써의 인정여부를 떠나 환경문제의 심각성을 인식하고 전세계적인 노력이 이루어지고 있는 것이 사실이다. 그 중 대표적인 내용이 2015년에 있었던 파리기후협약이다. 이때 협약의 핵심내용은 산업혁명 이후 크게 문제되기 시작한 지구 온도상승을 지구평균온도보다 1.5°C 이내에서 멈추게 노력하자는 것이다. 문제는 지구의 온도상승 속도가 너무 빠르다는데 있다. 이미 한참 전에 1°C가 넘게 올랐고, 나머지 상승을 막기 위해 인간이 노력할 수 있는 시간이 얼마 남지 않았다. 굳이 과학적 사실을 이 글에 담지 않는 것 일뿐 현실은 매우 충격적인 상황이다. 그냥, 지금 당장 무엇인가 해야 한다.

지구평균온도보다 1.5°C 상승한다는 것의 의미는 북극의 빙하가 녹아 해수면이 상승하고 인간을 포함하여 취약한 생명체의 상당수 멸종이 이루어진다는 것보다 더 큰 내용을 담고 있다. 바로 회복불능의 임계점에 다다른 다는 것이 문제의 심각성이다. 가장 큰 문제는 바닷물의 온도가 상승하고 북극의 영구동토로 알려져 있는 땅이 녹고 있다. 그리고 그 밑에 숨겨져 있었던 메탄가스와 원시 바이러스 등이 분출되는 현상이다. 두려운 것은 이미 상승한 엄청난 량의 바닷물 온도와 녹아버린 동토를 인간의 기술 능력으로는 도저히 멈추거나 그 이전 상태로 되돌릴 수 없다는 점이다. 결국 1.5°C 지구온도 상승 이후에는 인간이 더 이상 손을 쓸 수 없는 상태에서 지구온난화는 끝없이 증가될 것이고, 인간은 도저히 살아갈 수 없는 엄청나게 위험한 지구환경에 직면하게 된다. 그리고 그 다음부터 벌어지게 될 지구의 자기조절체계에 따른 현상들은 당연히 공포 그 자체가 될 것이 뻔하다. 21세기가 지구에서 6차 대멸종에 해당하는 인류의 대멸종이 발생하는 일은 없어야 하지 않겠는가?

공포심을 조장하며 글을 쓰는 것이 옳은 일은 아니겠지만 그래도 객관적인 사실을 있는 그대로 받아들이고, 그 상황에서 우리 각자가 할 수 있는 일이 무엇인가를 찾는 것이 옳다는 생각이다. 그래서 이 글은 지금 우리가 할 수 있는 일 중 누구나 할 수 있고, 어쩌면 그 어떤 것보다 중요한, 그래서 어쩌면 지구온도상승을 멈추는데 도움이 될 수도 있는, 또는 최소한 지구온도상승의 속도를 늦추도록 일정한 역할을 할 수도 있는 그런 일에 대해서 말하려 한다. 지구온난화의 3대 주범 중 하나인 '건축', 그 중에서도 건축의 가장 기본으로써 모두가 관련되어 있는 '주택'에 대해서 말하려 한다. 지구온난화를 멈출 수 있게 도움이 되는 주택, 어쩌면 이미 상승되어 버린 지구온도를 다시 낮추려는 인간의 노력에 근본이 되어 줄 수 있는 주택, 나와 내 가족의 안전과 건강을 지켜줄 수 있는 주택, 그런 주택을 '친환경주택'이라 명칭하며 이 글을 적어보려 한다.

1장 지구의 3가지 자원과 인간의 과소비

환경에 무해하고 영구적이며 무한한 자원이 있음을 명심하자.

　오존층으로 둘러 쌓여 있는 지구는 3가지 종류의 자원으로 구성되어 있다. 첫 번째 자원은 흙과 물이다. 이것은 지구가 물리적으로 존재할 수 있게 하는 유형 자원으로써 전체 자원의 량이 한정되어 있는 유한한 자원이다. 두 번째 자원은 해와 바람이다. 이 중 해는 지구 밖의 존재이지만 그 영향이 지구에 미치고 있는 중요한 자원이고, 바람은 해가 지구의 흙과 물에 작용하여 나타나는 현상이다. 해와 바람 모두 무형자원이며 자원의 량이 한정되지 않는 무한한 자원이다. 세 번째는 생명체를 들 수 있다. 생명체는 흙과 물의 유형자원에 해와 바람의 무형자원이 결합하면서 탄생한다. 생명체는 탄생이 있으면 소멸이 있으나 또한 새로운 생명의 탄생으로 앞선 소멸을 대체하는 특성상 생명체가 순환하는 모습을 보이고 있다. 동물과 식물 등 수많은 생명체는 탄생과 소멸을 반복하면서 다양한 자원을 인간에게 제공해 주고 있다. 생명체는 유형자원이며 순환자원의 특징을 갖고 있다. 다만 순환자원은 시간의 경과여부에 따라 자원으로써의 가능성이 결정되는 만큼 현실적으로는 유한자원의 특성을 상당부분 갖는다. 이 외에 순환자원에서 발생할 수 있는 '불'은 자원이라기보다는 작용요소 정도로 정리해 두는 것이 좋겠다는 생각이다.

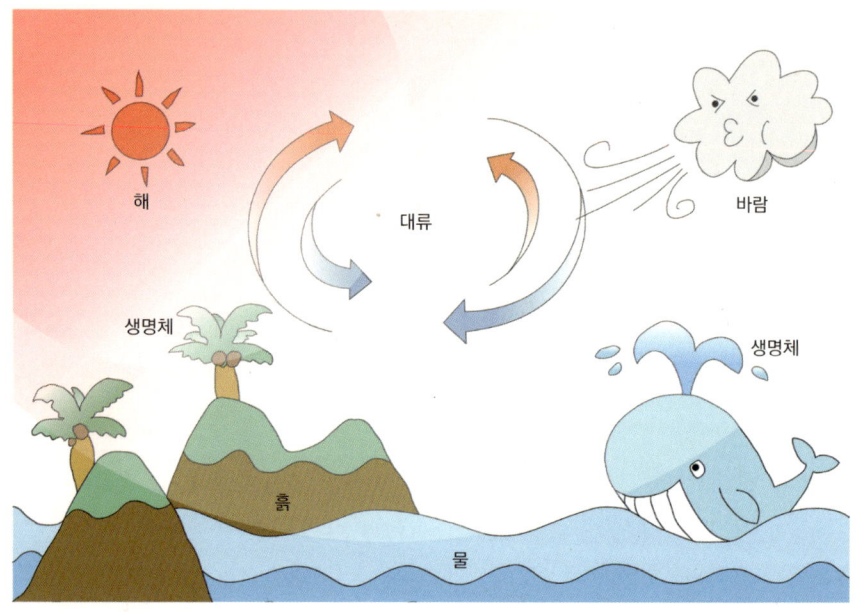

[그림 1-1] 지구의 3가지 자원

　이제 자원의 종류 및 기후위기와 친환경주택의 관계에 대해서 생각해 보자. 기후위기는 환경오염에서 시작되었고, 그 환경오염은 지구의 자원을 훼손하면서 발생한 것으로 지구가 감내할 수 있는 한계범위를 넘어서면서 지금 우리는 인류생존의 위협을 느끼는 상황까지 와 있다. 여기서 우리는 기후위기의 원인을 알 수 있고 그 해결방법의 단서도 찾을 수 있어야 한다. 흔히들 기후위기의 3대 원인분야로 건축을 꼽고 있고, 그래서 건축을 친환경건축으로 만들려 노력하지만 원인에 대한 정확한 이해와 분석이 없다면 해결책 또한 믿을 수 없다고 생각한다. 이 부분을 이해하고 해결책으로 정확히 제시되는 건축이 친환경건축이 될 것이고, 건축 중 가장 근본이 되는 주택이 친환경주택이 될 수 있을 것이다.

원인 파악을 위한 첫 번째 질문은 "누가 환경을 훼손했는가?"이다.
두 번째 질문은 "무엇을 훼손했는가?"이다.
세 번째 질문은 "왜 훼손이 되었는가?"이다.

너무 간단한 질문이지만 이 세 가지 질문에 대한 답을 구하고 거기에 건축과 주택의 가치를 더하면 그것이 친환경주택의 개념이 될 수 있다. 이때의 친환경주택은 지구환경을 회복시키는데 도움이 될 수 있어 인류생존에 큰 역할을 할 것이고, 또한 건축과 환경의 가치를 바로 세워서 거주자의 건강과 안전을 지켜주는 모습으로 나타날 수 있을 것이다. 실천의 의지만 있다면 문제점과 해결책을 쉽게 찾을 수 있겠다는 생각이다. 그럼 답을 찾아보자.

첫 번째 질문에 대한 답은 현재 지구상에서 최상위 포식자 층에 속하는 '인간'이다. 너무도 쉬운 답이지만 이 부분을 놓치고 있다는 생각이다. 이유는 이렇다. 환경이 훼손되어 기후위기 상태인 것은 이제 모두가 아는 일이고, 그 원인을 찾는 과정에서 기후위기의 주요 원인 3분야로 건축, 교통, 제조산업을 말하고 있다. 건축분야만 언급하자면 과거와 같은 환경훼손을 일으키지 않기 위해서 건축의 건설과정부터 운영, 유지관리 단계 그리고 마지막 철거단계까지 환경훼손을 최소화 할 수 있는 친환경건축 기법을 적용하고 있다. 건축물이라는 존재를 친환경으로 바꾸면 해결될 것이라는 생각 때문이다. 이는 심각한 착각이다. 원인은 인간인데 애매한 건축물만 탓하는 꼴이다. 환경을 훼손하는 건축물을 인간이 요구했고, 환경을 훼손하는 건축물 운영을 인간이 해왔으며, 환경을 훼손하는 철거과정을 진행한 것은 인간이다. 지시한 것이 인간인데, 지시한 존재는 망각하고 작동하는 부분만 비난하는 것이다. 친환경건축은 당연히 인간이라는 요소를 고려하는 것이 맞다. 그런데 지금 진행되고 있는 친환경건축에서 인간의 변화를 촉구하고 유도하는 부분이 있는가? 어처구니없게도 "인간이 지시해서 환경이 훼손되어 위기가 왔지만 걱정하지 마라. 각종 기술을 적용해서 인간을 안전하게 보호하는 건축물을 제공해 줄 테니 건축물 안에서는 안심해도 된다. 이것이 친환경건축이다."라고 말하는 상황은 아닐까? 원인인 인간이 변화하고 실천하는 참여없이 친환경건축은 있을 수 없다. 그런 변화를 유도하고 도와줄 수 있는 건축물이 아니라면 친환경건축이라 말하면 안된다. 기후위기의 원인은 인간이고 인간의 요구를 실천하는 주요 3분야가 건축, 교통, 제조산업이라는 식으로 표현부터 정확히 바꿔야 한다.

두 번째 질문에 대한 답은 조금 어렵다. 하지만 한걸음씩 나아가며 문제를 풀어보자. 인간은 기본적으로 환경에 나약한 존재이기에 지구의 자원을 사용해서 외부환경으로부터 보호할 수 있는 구조물을 만들어야 한다. 그것이 건축의 시작이었다. 이때 구조물을 만들려면 유형적인 자원이 필요하다. 즉, 지구의 자원 중에서 흙과 물 그리고 생명체에서 얻어진 목재와 같은 순환자원이다. 이것까지는 건축물을 만들기 위해서 반드시 필요한 요소들이다. 문제는 흙과 물 그리고 순환자원을 어떻게 사용했는가와 건축물의 운영유지단계에서 무슨 자원을 사용했는가가 중요하다. 환경을 훼손했다는 측면에서는 우선 흙과 물 그리고 순환자원을 필요이상으로 또는 마구잡이로 헤집어내며 사용했을 가능성과 불이나 기타 화학적 요소들과 합성하여 유해물질을 만들어 냈을 것이라는 점이다. 하지만 이보다 더 중요한 것은 오랜 기간 사용하게 되는 건축물의 운영유지관리단계에서는 어떠한 자원을 사용했는가가 문제가 된다. 운영유지관리단계에서는 주로 냉방과 난방, 환기, 조명 등의 무형적인 요소들이 주로 작용한다. 건축물의 전체 운영기간을 고려하면 신축과 철거보다 운영유지관리단계에서 자원이 훨씬 더 많이 소모된다. 이때 무슨 자원이 사용되어야 하겠는가. 가장 쉬운 것은 석탄, 석유, 목재, 기타 기계장치등 유형적인 자원일 것이다. 그러나 이것들은 환경을 훼손하는 주요 원인들로 작용한다. 이때 해와 바람을 이용하는 냉방, 난방, 환기, 조명 등의 적용방법을 고민해 보자. 석탄, 석유, 기타 유형자원들은 환경을 훼손하고 기후위기를 불러오는 원인들이 되고 있지만, 해와 바람을 이용하는 것은 결코 환경에 해를 끼치는 일이 없다. 사용가능한 분량도 무한대이다. 조금 어렵기는 하지만 해와 바람의 원리를 알고 적용한다면 우리는 지금과 같은 기후위기라는 절체절명의 순간을 맞지 않았을 수도 있었다. 특히 좋은 것은 비용이 전혀 들지 않는다. 사용료 100% 무료가 해와 바람이다. 그럼 늦었을까? 아니, 지금이라도 늦지 않았다. 환경에 무해하고 영구적이며 무한한 자원이 있음을 명심하자.

세 번째 질문인 "왜 훼손이 되었는가?"에 대한 답은 주저없이 '인간의 과소비' 때문이라고 말할 수 있다. '인간의 과소비'에 대해서 잠시 생각해 보자.

인간은 본능적으로 불편함 보다는 편리함을 추구하고 있다. 처음에는 작은 편리함으로 시작해서 차츰 작은 편리함은 보다 큰 편리함을 요구하고, 다시 큰 편리함은 보다 큰 편리함을 추구하게 된다. 이런 과정에서 지구의 환경자원을 점점 많이 사용하게 된다. 또한 이런 과정에서 인간은 스스로의 활동을 줄이고 각종 도구를 이용하여 편리함의 강도를 증폭시켜 왔다. 한편에서는 지구 자원의 사용을 확대시켜가며 편리함을 증가시켜 왔고, 동시에 또 다른 측면에서는 인간의 기본적인 활동량을 줄이면서 인간 기능을 퇴화 시키는 결과를 만들어 내기도 했다. 어쩌면 이는 편리함의 역습이다. 간단한 사례를 들어보자. 태양빛이 창문을 통해 실내로 들어온다면 겨울철에는 좋겠지만 여름철인 경우는 많은 냉방에너지 부담을 일으키게 된다. 이를 방지하기 위해서 처마나 차양 또는 블라인드를 설치하게 된다. 처마나 차양은 고정식일 가능성이 높으니 논외로 하고 블라인드를 설치했다면 그 작동방법에서 차이가 발생한다. 2가지 방법이 있다. 하나는 직접 다가가서 손으로 블라인드의 작동줄을 당겨서 펼치거나 접는 방법이 있고, 다른 하나는 AI장치나 리모컨 등을 이용해서 거실 소파에 앉아 작동하는 방법이다. 어느 것이 좋아 보여서 어느 방법을 선택할 것인가? 소파에 앉아서 말로 작동하거나 리모컨으로 작동하는 것이 얼마나 멋있는가! 그러나 그런 멋있는 순간을 위해서 우리는 지금 환경을 망치고 인류생존의 위기를 맞고 있는 것이다.

주택에 대한 과소비의 형태는 이것만이 아니다. 건축물에서 투명유리를 사용하면 좋아 보이는 경우가 많다. 이를 투명성이라 한다. 그래서 형태에 집착하는 건축주들은 벽체에 대한 유리 커튼월 방식을 고집하기도 한다. 문제는 커튼월이나 대형유리창문은 단열재가 잘 설치되어 있는 일반벽체에 비해서 몇 배의 에너지 소모를 하고 있다는 점이다. 꼭 필요한 부분이 아닌 경우에도 투명성 확보를 위해서 또는 주택의 외관을 멋있게 보이려 지구지원을 마구잡이로 사용하고 있는 것이다. 또는 복잡한 주택형태를 만드는 경우에도 자원 과소비의 가능성이 높아진다. 복잡한 형태가 생기는 부분에서 열교와 같은 비정상 에너지 흐름이 생길 확률이 높고, 시공단계에서 비용이 증가될 것이며, 방수나 유지관리 단계 등에서 비용증가와 하자발생 가능성이 많다. 꼭 필요한 것이 아니라면 이 모두가 과소비이고 지구자원의 낭비이며 본인 재산의 손실이다. 가장 좋은 것은 적정한 투명성 제고와 필요한 만큼만의 적정한 형태구성이다.

질문에 대한 3가지 답변을 정리하면 이렇다. 지금의 지구환경 위기는 인간이 편리한 생활을 추구하는 과정에서 지구환경의 유형적 유한자원을 필요이상으로 과소비하여 지구의 순환체계가 망가지면서 발생한 것이다. 그러니 그 해결책은 편리함의 추구는 절제하여 조금의 불편함은 감수하는 생활방식을 적용하고, 지구자원의 사용에서는 가능한 환경에 유해하지 않은 자원의 사용방법을 익히고 적용하는 것이 좋겠다는 것이다. 이 과정에서 오히려 인간은 정신적, 육체적 건강을 회복할 수 있게 되고, 환경개선을 위한 방법을 터득하게 되어 환경 적응력을 높여갈 수 있게 된다는 것이다. 이때서야 비로서 이러한 생활을 가능하게 도와주는 주택을 진정한 친환경주택이라 부를 수 있지 않을까.

환경파괴에 따른 위기경고는 이미 오래전부터 지속되어 왔고 그와 동시에 친환경주택이 절실히 요구되어 왔다. 이러한 때에 굳이 비싸지 않아도 되는 집, 불필요한 장식이 아닌 진실된 조형성을 갖춘 집, 환경을 생각하고 환경의 변화에 적응할 수 있게 도와주는 건강한 집, 기계설비에 의존하는 것이 아니라 인간 스스로 자연환경과 조화하고 소통하는 집, 그래서 자신과 가족의 건강과 안전을 지켜갈 수 있게 도와주는 즐거운 집, 해와 바람을 이용한 친환경주택. 그런 주택이 필요한 것이 아닐까!

2장 건축의 3대 요소에 대한 잘못된 믿음

환경과의 조화와 공존은 더 이상 미룰 시간이 없다.

영국의 산업혁명과 함께 건축도 과거 중세시대 건축들과는 전혀 다른 모습으로 발전되었다. 그때의 현상들을 잠시 살펴보아야 한다. 첫째, 일자리를 찾아 사람들이 몰려들면서 도시화가 급속히 이루어졌다. 둘째, 사람들은 일자리를 따라 거주공간도 함께 옮겨 다녔다. 셋째, 소득이 늘면서 많은 자본가들이 생겨났다. 이 3가지 현상만으로도 건축을 본질부터 완전히 바꿔놓게 되었다.

좀 더 자세히 설명해 보겠다. 도시화가 급속히 이루어 졌다는 것은 서로 다른 많은 사람들이 특정지역에 갑자기 증가하게 되고 그들을 위한 많은 거주공간이 필요했다는 것이다. 또한 일자리를 찾아 온 노동자들이기에 충분한 자산이 없는 사람들도 고려한 거주공간이어야 했을 것이다. 당장 공장에 출근해야 하는 입장에서 거주공간에 대한 건축의 본질적 가치를 고민할 여유가 없었을 것이 자명하다. 또한 일자리를 따라 옮겨 다녀야 했기에 사람들마다의 개성을 반영할 수도 없었다. 빨리 짓고 값싸게 지어서 대량으로 공급해야 할 상황이었다. 또한 자본가들이 늘어나면서 건축을 소유할 수 있는 사람들이 많아지고 결국은 건축의 수요가 증가하게 되었다. 증가하는 수요와 함께 많은 량의 건축을 즉각적으로 제공할 수 있는 방법을 고민해야 할 시기였다. 그리고 그 해결책의 일환으로 많은 계몽성 이론들이 새롭게 발표되거나 특정부분이 강조되어 발표되었다. '건축의 3대 요소'도 그 중의 하나이다.

'건축의 3대 요소'는 건축에서 고려해야 하는 가장 중요한 요소 3가지를 말하는 것으로 첫째 구조, 둘째 기능, 셋째 형태를 중요하게 다루어야 한다는 내용이다.

이 중 구조는 지구가 중력의 작용을 받고 있기에 당연히 모든 물체에 적용된다. 허공에 떠 있는 물질은 아래로 떨어지는 현상으로 땅에 정착하는 구성이 가장 안정적이라는 원리는 지극히 당연하다. 그래서 이 원리를 이용해서 건축물의 안전을 도모하는 것은 물론 더욱 발전하여 구조디자인 방법으로 사용하는 경우도 있다.

두 번째 요소인 기능은 관계성과 편리성이란 뜻을 상당부분 담고 있다. 예를 들어 주방에서 멀리 떨어진 곳에 식당을 설치한다면 어떨까? 당연히 불편하다. 그래서 주방 가까이 식당을 위치시킨다. 관계가 밀접하여 편리하기 때문이다. 이 편리함을 좀 더 편리하게 만들려는 노력이 산업혁명 이후 지금까지 건축의 발전과정이었다. 만일 주방에서 식당을 멀리 떨어지게 배치한 후에 그 사이를 오가며 다양한 경치를 보고 행동하며 생각을 하게 한다면 이는 좋은 건축일까? 지금까지는 기능적이지 않다고 말하는 것이 상식적인 답이다. 다만 진짜 그것이 맞는지는 모르겠지만 말이다.

세 번째 형태는 인간의 시각적 감각을 이용하는 것이다. 시각적 감각은 즐거움이다. 보기 좋은 것이 기분을 좋게 하기 때문이다. 건축물은 당연히 3차원적인 형태를 갖고 있기에 멋있는 형태를 통해서 건축주의 기분을 좋게 하여 만족도를 높이는 방법으로 제격이다. 또한 일반적인 건축주의 경우는 건축의 다양한 중요가치를 판단할 전문지식이 없기 때문에 형태를 통해서 건축의 가치를 판단하려는 성향이 강하다. 이를 건축전문가들도 알고 있다. 그래서 건축전문가부터 형태에 집착하는 것이 우리 건축계의 현실이다. 문제는 건축물의 형태란 건축물 본래의 목적이나 주변의 상황 등을 고려하여 필요한 만큼만 조화롭게 구성해야 하는데 그 이상을 추구한다면 그때부터는 과소비의 영역에 포함될 수도 있다. 목적에 맞지 않는 형태이거나, 충분한 근거없이 만들어지는 형태 또는 필요 이상으로 과장된 형태 등이 모두 과소비를 불러 올 수 있는 위험성이 있다. 사실 이 부분에서 우리는 많은 잘못을 저질러 오고 있었다.

'건축의 3대 요소'는 오랜 시간동안 건축계에서 중요한 가치로 이어져 왔다. 그러나 이론이 적용될 사회적 배경이 너무도 달라졌다. 당시에는 빨리, 많이, 싸게, 다양한 사람들이 사용가능한 건축을 만들어야 했고 인간의 개성을 무시한 채 모두가 생물학적으로 동일한 기능적인 존재로 가정하여 이루어졌던 일들이다. 그러나 지금은 그런 시대가 아니다. 특히 중요한 것은 지구환경훼손에 따른 인류멸종의 위기에 처해 있는 상황에서 '건축의 3대 요소'는 다시 생각해 봐야 할 내용이다. 기후위기를 일으킨 주요 분야가 건축이었다면 결국은 '건축의 3대 요소'가 틀렸다는 말이다. 아니 좀 더 강조해 말하면 '건축의 3대 요소'만을 고려하는 건축은 인류멸종의 원인이 될 수도 있다는 점이다. '건축의 3대 요소'가 아닌 건축의 본질을 다시 꺼내서 생각해 봐야할 때인 것 같다.

다만 '건축의 3대 요소' 항목인 기능과 형태가 본래의 의미에 있어서 틀렸다고 할 수는 없다. 당연히 건축의 중요한 고려 항목이다. 문제는 그것이

전부가 아닌데 중요한 다른 항목들을 제외시키고 빠른 대량 생산의 방식을 택하다 보니 문제가 생긴 것이다. 조금 힘들었겠지만 다른 중요한 가치에 대해서도 소홀히 하지 말았어야 했다. 최소한 급한 불을 끈 상태였다면 건축본래의 가치를 찾아서 만들어갈 노력을 했어야 했다. 그것이 우리가 지구에서 환경을 빌려 살아가는 존재로서의 책임을 다하는 모습이었을 것이다. 더 이상 늦기 전에 지구환경을 안전하게 빌려 쓰는 방법을 찾아야 한다.

그럼 구조와 기능과 형태 이외에 추가로 검토해야 할 최소한의 내용들이 무엇인지 생각해 보자. 첫째는 성능이다. 앞서 기능과 형태는 시각적으로 바로 판단할 수 있는 내용들이었지만 성능은 그렇지 않다. 공기온도의 적정성이나 쾌적한 공기질, 적절한 환기상태 등 눈에 보이지 않는 환경을 검토하여 건축에 적용해야 하는 내용들이 많다. 당연히 기능과 형태를 다룰 때 보다 어렵고, 당장 눈에 보이지 않기에 간과하기 쉬운 부분이다. 그러나 사실 이 부분은 기능과 형태 보다 훨씬 중요한 항목일 수 있었는데 이를 무시해 왔다는 것은 큰 잘못이다. 특정 실내공간의 성능만을 따지는 것이 아니라 목적하는 성능을 이루기 위해서는 건축공간들 간의 관계상 어떠한 기능이어야 하고 어떠한 형태이어야 하는지 서로 견제하고 보완하면서 이루어져 왔어야 했다. 때로는 목적하는 기능과 형태를 위해서 성능은 어떤 수준이어야 하는지 검토할 수도 있어야 했던 것이다. 이렇게 된다면 단순히 편리성만을 추구할 수 없었을 것이고 과장된 과소비 형태가 좋은 형태가 아니라는 것을 깨달았을 수도 있었을 것이다. 이 성능을 고려한 건축행위를 성능기반건축이라고 부르고 있다. 다만 여기서 주의해야 할 것이 있다. 성능기반건축은 시각적으로 판단하기 어려운 내용이 많기에 기계,엔지니어링의 도움을 받는 경우가 많다. 그런데 이 또한 새로운 실수가 될 수 있어 경계하는 것이, 건축과 주택 등에 있어서 기계,엔지니어링은 생활공간을 만들기 위한 보조 수단이 되어야지 주도적으로 앞선 판단을 하는 것이어서는 안된다. 기계, 엔지니어링 이전에 이루어져야 하는 것은 환경의 원리를 깨닫고 그것을 공간으로 구현하는 것이다. 환경원리는 환경전문가나 건축가가 검토할 내용이고 그 원리의 구체성을 기계,엔지니어링에서 보완해 준다. 그리고 최종적으로는 건축주인 거주자가 그 환경원리에 맞는 생활방식을 실천하는 것이다. 이것이 성능기반건축의 완성이다.

두 번째는 인간에 대한 것이다. 인간의 특성일 수도 있고 인간의 생활방식일 수도 있다. 건축과 주택은 결국은 인간을 위한 것인데 그 인간이 검토항목에서 빠져있는 것은 문제가 많다. 혹시 너무나 당연한 것이기에 표현하지 않은 것이라고 변명하지 않았으면 좋겠다. 부동자세로 서 있는 인간이 아니라 다양한 생활방식에 따라 다양한 생각과 행위를 하는 인간의 모습을 고려해 왔다면 지금과는 다른 모습이었다고 생각한다. 구조와 기능과 형태와 성능이 완성형이 아니라 거주자의 생활방식에 따라 변화하고 조정될 수 있는 진행형 등이 많이 나타났어야 한다. 그런데 지금의 건축과 주택은 건축전문가의 의도에 따라 만들어지는 완성품 제공을 목적으로 하고 있다. 3중 유리창문을 틈새 하나 없이 완벽하게 닫아서 기밀성을 이루었다고 만족할 수 있을까? 거주자가 외부와 차단되는 것이 싫어서 창문을 열어야겠다면 3중 유리창문의 기밀성은 의미가 없다. 계절의 변화에 따라 실내 공간도 같은 변화를 느끼고 싶다면 3중 유리창문 하나를 열고 닫는 것이 아니라 창문 여러개를 설치해서 거주자가 열고 닫기를 조정할 수 있어야 하지 않을까? 창문만의 내용이 아니라 매우 다양한 부분에서 거주자인 인간의 특성과 생활방식을 고려한 건축과 주택이 이루어져야 한다.

세 번째는 환경이다. 환경은 이웃을 포함한 주변환경일 수 있지만 궁극적으로는 자연환경과 지구환경에 대한 고려를 해야 한다는 뜻이다. 자신의 집이 환경으로부터 얻을 수 있는 것이 무엇인지 파악해야 하는 것은 당연하겠지만 동시에 환경과 조화하고 더 나아가 환경에 도움을 줄 수 있는 방법이 무엇인지도 고민해야 한다. 앞서도 언급했지만 단순히 건축과 주택이 환경이라는 개별항목으로 교류하는 형태를 말하는 것이 아니라 구조와 기능과 형태와 성능은 물론 거주자인 인간을 포함하여 서로 연관되어 도움을 주고 받는 방법이 무엇인지 찾아야 한다. 이러한 고민이 충실이 이루어진다면 과소비나 환경파괴와 같은 모습은 당연히 나타나지 않았을 것이다. 지금까지는 단지 인간의 편리와 즐거움 등만을 위해 건축과 주택이 만들어 진 측면이 많다. 그 결과로 우리는 앞으로 여러 가지 어려움을 감수해야 할 상황에 와 있는 현실이다. 환경은 그동안 묵묵히 지켜보고 있었지만 그에 따른 결과는 온전히 인간의 몫으로 넘어오고 있다. 바닷가 고층건물이 앞으로 겪게 될 태풍과 해일 그리고 해수면 상승에 따른 연속된 위기 상황들도 그 중에 하나의 예가 될 것이다. 동양 철학자 노자의 사상을 건축적으로 해석한 부정주의 또는

	1요소	2요소	3요소	4요소	5요소	6요소
※ 사양기반건축	구조	기능	형태			
※ 성능기반건축	구조	기능	형태	성능		
● 인간참여건축	구조	기능	형태	성능	인간	
● 친환경건축	구조	기능	형태	성능	인간	환경

[그림 2-1] 건축의 주요 요소

네가티비즘(Negativism)이란 이론이 있다. 내가 원하는 것을 얻고자 하는 만큼 내가 아닌 상대방에게도 피해가 가지 않게 조심해야 한다는 뜻이다. 환경과의 조화와 공존은 더 이상 미룰 시간이 없다.

'건축의 3대 요소'는 그동안 건축전문가들이 철석같이 믿고 있는 신조였었다. 그런데 조금만 생각해 보면 얼마나 그 믿음이 어리석은 것인지 알 수 있는 내용이다. 그럼에도 불구하고 지금도 여전히 '건축의 3대 요소'가 큰 가치인 것처럼 많은 곳에서 행해지고 있다. 건축의 출발점인 교육과정에서부터 과장된 형태주의가 만연해 있고, 새로운 꿈을 갖고 보금자리를 만들려는 예비건축주들도 친환경주택 보다는 형태주의 건축을 여전히 선호하는 것을 볼 수도 있다. 간혹 이런 답변을 듣기도 한다. "친환경주택으로 하는 것은 좋은 것 같다. 그러나 자신은 지구환경 전체에 대해 걱정하고 실천할 만큼의 위대한 인물은 아니다. 그러니 친환경주택은 훌륭한 분들이 하시라 하고 자신은 남들처럼 예쁘고 멋있는 집으로 하면 좋겠다."

친환경주택이란 지구환경을 보호하는 것은 물론 자신과 가족에게 건강과 안전을 제공해 주는 것임을 이해하지 못하고 있는 결과이다.

'건축의 3대 요소'에 대한 믿음은 이제 바뀌어야 한다.

3장 주거공간의 변화와 시대요구

기후위기 상황에서 새로운 생활방식의 주택공간이 필요하다.

인간은 추위와 더위 및 기타 다양한 위험으로부터 보호 받기 위한 물리적인 시설이 필요하다. 이것이 주택의 시작이다. 이 시설은 목적자체가 인간의 생명을 안전하게 보호하는 것이었기에 효과적인 기능을 갖추는 것이 중요했다. 또한 인간이 집단생활을 하면서 점차 외부인들과 교류가 증가하였고 결국은 혼자가 아닌 다양한 사람들과 어울려 살아가야 하는 사회적 동물이라는 용어가 생겨나게 된다. 이때 사회적 활동의 주요 배경은 거주지 주변으로 외부인들과의 사회적 교류를 위한 공간도 주로 주택에 구성되게 된다. 이렇게 주택이란 물리적 존재(Being)와 정신적 교류(Communication)를 위한 공간으로 구성 된다.

우리의 전통한옥을 통해서 좀 더 구체적으로 설명해 보겠다. 한옥은 2가지 필수적인 공간구성을 하고 있다. 그 중 하나가 살림채이고 다른 하나가 사랑채이다. 이때 사랑채는 과거 신분이 높은 사람들이나 소유할 수 있었던 공간이라 생각하겠지만 사실은 일반 평민들의 주택 모두 이 사랑채를 구성하고 있었다. 다만 명칭은 사랑채가 아닌 부속채라 불렀다. 이에 대해서는 잠시 후에 언급해 보겠다.

먼저 살림채의 구성에 대해서 살펴보자. 마당을 중심으로 안방과 건너방, 그리고 그 사이에는 마루가 형성되어 있고 주로 안방 한 측에는 음식준비와 난방을 동시에 해결하는 부엌이 있었다. 화장실은 당시의 기술상 살림채에서 멀리 떨어져 별도로 형성된다. 즉, 가족들의 건강과 안전 그리고 가족들 간의 단란한 화합를 위해 구성된 집이다. 이 살림채는 특별한 형태적 장식이나 공간적 화려함을 갖추는 것이 아니라 단지 가족들이 안전하고 건강하게 존재(Being)할 수 있도록 평안한 생활이 가능한 소박한 생활공간으로 지어졌다. 거의 모든 주택들이 이러한 모습을 갖는다.

반면 사랑채는 조금 다르다. 사랑채의 주 목적은 가족들의 생활을 위한 공간이 아니다. 여기서는 일을 하기도 하고 외부사람을 만나기도 하며 때로는 다양한 취미활동을 즐기기도 하는 공간이다. 과거 높은 신분의 양반인 경우는 이 사랑채에서 글을 쓰기도 하고 그림을 그리기도 하며 손님을 맞이하여 세상 돌아가는 일에 대해 토론하기도 하던 공간이다. 그럼 일반 평민의 부속채는 어떠했을까? 농부의 경우는 농기구를 보관하는 창고의 역할을 했을 것이며, 벼나 고추를 펼쳐 말리던 곳이었으며 새끼줄을 꼬아 만들 던 공간이었다. 또한 농사가 끝난 계절에는 마을 이웃들과 모여 막걸리를 마시고 투전과 같은 오락을 즐기기도 하던 곳이다. 물론 농부가 아닌 어부이거나 다른 일에 종사하는 사람들 모두 나름대로의 생활방식에 따라 비슷한 형태의 생활들이 부속채에서 이루어졌을 것이다. 사랑채 또는 부속채는 그 집에 사는 가족 구성원의 직업이나 취미 또는 목적 등에 따라 각각 다른 모습과 구성을 갖추게 된다. 때로는 과시욕을 드러내는 형태를 갖출 수도 있다. 즉, 사회적 교류, 정신적 교류를 위해 구성된 소통(Communication)의 공간이 사랑채이다.

이러한 살림채와 사랑채로 구성된 주택은 산업기술의 발전과 함께 변화하였다. 크게 2가지를 지목하면 하나가 외부에 형성되었던 화장실이 살림채 내부로 들어와 구성되었다는 점과 다른 하나는 사랑채 또는 부속채의 모습이 사라졌다는 점이다. 이것에 대해 설명해 보겠다.

먼저 화장실의 경우 냄새를 외부로 배출할 수 있는 통기관이라는 설비와 급배수 설비가 개발되었다. 그 결과 화장실을 살림채 내부에 구성할 수 있게 되어 멀리 외부로 다녀야 했던 동선이 획기적으로 단축되면서 주택을 비롯한 건축의 대변화를 일으키게 된다. 또한 주방 역시 살림채 내부로 들어오면서 주택은 예전과는 전혀 다른 구성과 기능을 하게 되었다. 이러한 설비적인 변화는 향후 주택의 기능적인 변화와 발전과정에서 가장 중요한 요인으로 작용하게 된다. 그 중 중요한 변화가 현대주택에서 중심기능이 거실에서 주방으로 바뀌고 있다는 점이다. 이에 대해서는 여러 이론과 주장들에서 볼 수 있으니 그것을 참고하면 좋겠다.

두 번째는 주택에서 사랑채 또는 부속채가 사라졌다는 점에 대해서 생각해 보겠다. 앞선 글에서도 설명하였지만 산업화가 이루어지면서 사람들은 일자리를 찾아 모여들고 도시화가 급속도로 이루어지면서 그에 맞는 주거형태를 빠르고 값싸게 공급해야 했다. 그래서 선택한 것이 부속채를 없앤 것이다. 부속채가 무엇이었나. 가족 구성원의 직업이나 취미에 따라 모두 그 구성이 달라지는 개성적인 공간이라고 했었다. 이런 개성적인 공간은 특정인의 생활형태에 맞춘 공간형식으로 다양한 사람들에게 적용할 수 없는 부분이다. 반면 살림채는 모두에게 적용할 수 있는 표준화가 가능한 공간구성을 하고 있다. 즉, 빠르고 값싼 주택을 제공하려면 표준화가 가능한 주택 양식을 따를 수 밖에 없는 상황이었다. 또한 일자리를 찾아 쉽게 이동하는 생활의 특성상 주택을 쉽게 사고 팔수 있는 교환가치 기능도 필요했다.

이러한 상황에서 살림채만이 시대적인 요구조건을 수용할 수 있었다. 그렇게 부속채는 사라져갔다. 다만 그 과정에서 부속채의 근본적 기능인 교류, 소통(Communication)의 정신적 가치도 현대주택에서 사라져버렸다. 주택을 통해서 인간이 얻어야 하는 물리적 안정감과 동시에 정신적 소통의 가치에 균열이 발생한 것이다. 이것이 지금 현대주택이 안고 있는 심각한 문제점이다. 살림채의 현대적 변형으로 우리들의 공동주택인 아파트를 예로 들 수 있다. 지금 설명하고 있는 사회적 교류공간의 소멸에 대하여 사실관계가 어떠한지 스스로 판단해 보시기 바란다.

굳이 생각없이 산다면 그깟 정신적인 가치가 없다고 문제가 되겠냐는 생각을 할 수도 있다. 기능적으로 이미 충분히 편리한데 부속채 공간 하나 없다고 큰 문제가 되는 것은 아니다. 그러나 인간이 사회적 동물인 상태에서 우리는 이미 그 결핍현상을 느끼고 있어 고통을 겪는 상황이다. 그 중 한 현상이 인테리어를 통해 남과 다른 차별화된 환경을 꾸미려는 노력이다. 인테리어의 목적은 여러 가지가 있지만 그 중 하나가 각자가 다르다는 특색을 드러내는 것을 포함하고 있다. 그러나 기본적인 주택에서 추가된 인테리어를 통해 특성화를 추구하는 수고와는 차원이 다른 진짜 문제가 있다는 것을 생각해 보아야 한다. 바로 교류, 소통(Communication)이 단절되어 가고 있다는 문제이다.

물론 산업사회이거나 정보화사회에서는 농경사회와 같은 교류와 소통의 형태를 취하지 않을 수 있다. 직업적인 업무에 대해서, 세상의 정치, 경제, 사회, 문화 등에 대해서 꼭 집으로 손님들을 초대하여 대화하지 않아도 된다. 이 문제를 풀어가는 방법은 인터넷 등 다양한 방법이 많다. 그러나 인간이기에 일부 사회적 교류의 형태가 여전히 남아 있다.

최소한 친척이 방문할 수 있다. 또는 이웃이 방문할 수 있다. 드물기는 하겠지만 회사 동료나 뜻밖의 손님이 방문할 수도 있다. 결국은 사회적 교류의 현상은 끊임없이 이루어지는 것이 우리들 생활의 모습이다. 그런데 이때 문제가 발생한다. 이미 부속채는 사라지고, 가족만을 위한 살림채가 남은 상태에서 손님을 맞아 편안하게 대화할 공간이 없다. 결국은 선택되는 공간이 거실인데 거실에 설치된 소파가 때로는 꽤 난감한 상황을 일으키기도 한다. 일반적으로 소파는 편안히 등을 기대고 앉는 형태를 갖고 있는데 상황에 따라서는 손님들이 불편을 느낄 수도 있다. 또한 거실이 주택의 중심공간을 차지하기에 손님이 있는 동안에는 가족들의 활동이 불편할 수도 있다. 이러한 상황들을 고려해 볼 때 어떠한 형태로든 부속채의 부활을 고려하는 것은 매우 타당하다는 생각이다. 그렇다고 과거와 같은 완전 별채 개념의 부속채를 만드는 것이 쉬운 것은 아니다. 빨리 지을 수 있고 경제적이며 교환가치를 고려했던 사회적 배경도 고려해야 한다. 건축규모를 크게 늘리지 않으면서도 기존 살림채 안에 부속채의 공간을 만드는 방법이 있다면 좋겠다. 그래서 그 방법으로 다목적 공간의 선택을 생각해 본다.

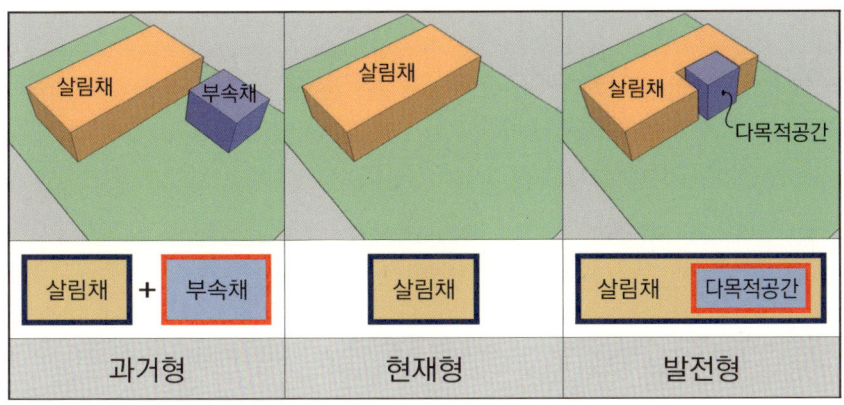

[그림 3-1] 주거공간의 변화

현대의 살림채에서 침실은 잠을 자는 곳, 식당은 식사하는 곳, 거실은 가족 간의 대화와 휴식을 하는 곳 등으로 모두 하나의 목적이 정해지고 거의 그 목적만을 수행하게끔 기능적으로 구성된다. 그러나 우리 생활은 꼭 그렇게 한가지 씩 만의 목적으로 이루어지지는 않는다. 한 공간에서 때로는 책을 보고, 때로는 작업을 하며, 또 때로는 식사를 할 수도 있다. 그 공간이 또 어떤 때는 차를 마시는 공간이 될 수도 있고, 차 마시는 행위를 이웃과 함께 할 수도 있다. 하나의 공간에서 여러 가지 생활을 크게 불편함이 없이 할 수 있는 것이 다목적 공간이다. 굳이 큰 면적이 필요하지도 않다. 적정한 기능적 위치에 배치되고 구성된다면 가족들의 생활을 다양하고 편리하게 만들 수 있으면서 동시에 손님을 맞아 대화하기에 매우 좋은 공간이 될 수도 있다. 이러한 다목적 공간을 이름 붙이자면 다목적실 또는 커뮤니티실 등으로 부르면 될 것 같다. 조금 의미가 다를 수 있지만 알파룸(a-room)이라 부르는 경우도 있다. 건축적으로는 꼭 필요하지만 딱히 이름 지을 수 없는 공간인 '애매한 공간'이라 부르기도 한다.

이러한 다목적공간이 가족들의 생활을 방해하지 않으면서도 주택에서 또 다른 중심적인 공간의 역할을 담당할 수 있다면 살림채와 부속채의 기능이 매우 유기적으로 구성되어 인간의 생활을 즐겁고 다양하게 만들어주는 새로운 생활형태의 주택이 될 수 있을 것이다. 가족 간의 단란한 화목을 지켜가면서도 손님을 초대하여 대화하는 공간적인 부담이 적어진다면 자연스럽게 교류의 량은 늘어날 수 있다는 생각이다. 사회적 교류가 많아진다는 것은 지금부터 설명할 보다 크고 중요한 의미를 포함하고 있다.

내 가족이 아닌 다른 이웃을 만난다는 것은 자신의 프라이버시가 일부 훼손되는 한이 있어도 공동체 생활을 통해서 삶의 가치에 유익한 부분이 있다는 판단에 의한 것이다. 이때 이웃은 또 다른 형태의 주변환경 요인이라고 볼 수도 있다. 즉, 다양한 사람들과 교류한다는 것은 다양한 환경적 요인에 적응해 간다는 의미가 된다. 좋은 일만 있는 것이 아니라 때로는 불편한 상황이 생기기도 하겠지만, 다양한 이웃과의 교류를 통해 적응력이 키워진 상태라면 좋은 인간사회를 형성해 가는데 큰 도움이 될 수도 있다. 만일 이웃과의 교류가 없이 자신만의 생활에 빠져서 지내왔다면 돌발적인 상황들을 극복해 가는 능력은 고사하고 원만한 인간사회를 구성해 가는데 있어 오히려 불편한 존재가 될 확률이 많다. 이렇듯 우리는 주변환경과 끊임없이 교류하는 것이 맞다. 그리고 그 과정에서 그동안 우리가 주변환경과 주고 받았던 것이 무엇인지, 무엇을 잘했고 무엇이 잘못했는지, 잘못된 것이 있다면 어떠한 행동으로 고쳐나가야 하는지 보고 느껴야 한다. 지금의 지구환경은 인간의 참여형 반성과 개선의 노력이 절실히 필요한 시기이다. 이러한 인간의 생활을 변화시키고 도와주는 것이 건축이다. 그리고 그 중에서도 가장 중요한 것이 주택이다. 주택은 건축의 기본이며 인간생활의 기본이기 때문이다. 또한 기후위기라는 새로운 환경을 맞고 있는 상황에서 새로운 생활방식의 주택공간이 필요하다. 그 새로운 주택공간을 통해서 인간이 보다 환경친화적인 모습으로 발전되었으면 좋겠다. "인간은 건축을 만들고, 건축은 인간을 만든다."라는 말이 있다.

4장 친환경주택의 원조, 한옥

친환경주택은 결코 물리적인 기술 해결만으로 이루어지는 것이 아니다.

한옥의 우수성에 대해서는 널리 알려져 있지만 그것은 우리가 흔히 생각하는 지붕의 형태나 처마곡선의 아름다움 때문만은 아니다. 진정한 한옥의 가치는 매우 우수한 친환경성을 갖고 있다는 것이다. 주변환경과 어울리는 배치, 흙과 나무로 이루어진 친환경 건축재료, 처마깊이를 통한 햇빛 유입의 조절, 온돌구조, 여러 겹으로 이루어져서 온도에 따라 개폐정도를 조절하는 창문구조, 그리고 다목적공간인 마당구성 등이 그렇다. 특히 '마당'은 우리 고유의 건축적 가치를 지니고 있는 공간으로 여름철에는 햇빛을 받은 땅에서 축열과 대류현상이 발생하며, 마당의 공기가 대류로 상승하면 대청마루 뒤쪽 마당에서 그늘진 시원한 공기가 유입되어 미세한 자연적 바람을 불게 하는 친환경적 특징을 갖고 있다. 이 외에도 들어열개문이나 창호지가 붙여 있는 창문의 빛 투과를 위해 마당에 마사토를 사용하는 방법 등 다양한 지혜가 녹아 있는 것이 우리들의 한옥이다. 집이 만들어지는 과정부터 생활하는 과정과 집이 사라지는 과정까지 모두 자연에서 와서 자연으로 돌아가는 방식의 주택으로 친환경주택 그 자체를 보여주고 있다. 이러한 우수한 친환경성에 대한 설명들은 이미 너무도 많이 알려져 있기에 이 글에서는 기존의 글들과는 조금 다른 각도에서 한옥의 핵심적인 항목을 찾아보려 한다.

글은 한옥의 살림채를 중심으로 설명하려 한다. 그 중 살림채의 중심인 마루를 글의 시작점으로 하겠다.

한옥의 살림채 중 공간구성 측면에서 마루를 중심 위치에 놓고 세로방향과 가로방향으로 관련 공간들을 배열해 보자. 이때 마루의 위 쪽 방위는 북측이 되게 한다. 그러면 세로방향과 가로방향을 따라서 친환경적 역할을 수행하는 공간들이 각각의 위치에 맞게 배열되는 것을 한 눈에 볼 수 있다. 먼저 세로축인 경우에 마루에서 남측 바로 앞에는 처마공간이 있고, 다음은 마당이 있으며, 마당 앞에는 살림채 대문이 설치되어 있다 또한 마루의 북측인 뒤쪽에는 북측 처마공간과 다음으로 뒷마당이 있고 그 다음은 담장이 설치된다. 한편 가로축의 경우에는 마루를 중심으로 좌우측 중 한 쪽에 안방인 온돌방이 있고 그 옆에 부엌이 형성되며, 부엌에서 창고로 연결된다. 또한 마루에서 다른 한 쪽은 건너방인 온돌방이 구성된다. 참고로 사족같은 말을 하나 보탠다면 과거 우리나라의 사상적 배경에 따라 부엌이 마루의 서쪽에 배치되는 것을 많이 목격할 수 있다.

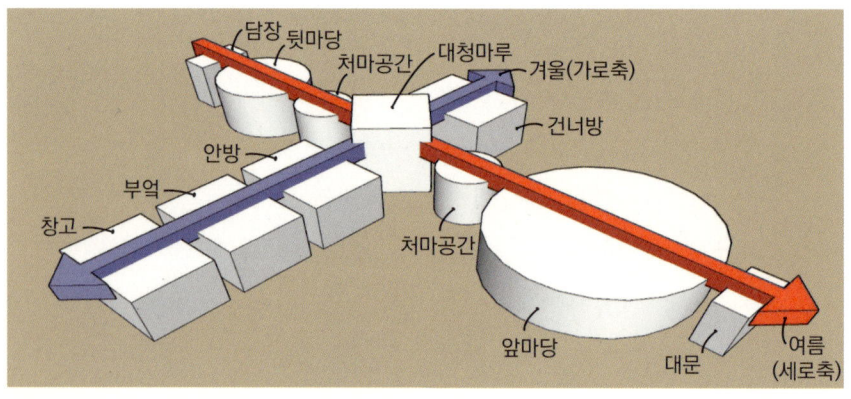

[그림 4-1] 살림채 공간구성

그럼 이제는 세로축과 가로축의 각자 특성에 대해서 생각해 보려 한다. 이때 세로축은 주로 여름철에 중심축의 역할을 하게 되는 것이고 가로축은 주로 겨울철에 중요한 역할을 하게 되는 것이니, 세로축과 가로축을 언급할 때 계절적인 판단도 함께 이해했으면 좋겠다.

먼저 살림채의 중심인 마루를 세로축 관점에서 생각해 보겠다. 이 마루가 세로축의 관점에서는 앞뒤가 모두 열려있는 개방된 공간을 형성한다. 앞뒤가 열려 있으니 앞쪽의 공간들과 뒤쪽의 공간들을 연결하는 연결공간 및 통과동선을 형성하게 된다. 바람이 통과하거나 햇빛이 들기도 하고 가려지기도 하는 곳이다. 특히 지붕이 덮여 있기에 강한 햇빛이나 비와 같은 외부요인으로부터 보호받을 수 있는 공간이다. 실내와 같은 안정감이 있으면서도 앞뒤로 막힘이 없어 앞뒤공간과 교류하고 소통하는데 매우 편리한 공간이다. 그 결과 집의 으뜸자리로써 가족 간에 교류되는 모든 일들이 벌어지고 중재되는 매개공간이며 실내에서 실외로 이어지는 전이공간의 역할을 담당하는 집의 중심공간이 된다. 마루는 개방된 내부공간을 형성한다.

이 마루는 앞뒤로 처마공간과 연결되어 있다. 처마공간은 마루보다는 외부에 있으나 여름철에 강한 햇빛을 받는 마당과는 달리 지붕 처마를 통해 어느 정도 강한 일사를 차단할 수 있어 마루와 마당 사이에 미세하게 다른 환경을 형성할 수 있다. 이 처마공간은 외부공간이지만 일부 내부공간의 성격을 갖고 있는 부분도 있기에 외부 환경의 영향을 완화시켜 주는 역할을 한다. 여름철 태양의 고도가 높을 때는 햇빛을 가려 실내를 시원하게 유지시키고 겨울철 태양의 고도가 낮을 때는 햇빛이 실내로 들게 하여 따뜻한 실내를 만들 수 있게 한다. 또한 빗물의 침입을 막는 역할과 같은 다른 기능들도 생각할 수 있다. 처마공간은 내외부 어느 공간에도 속하지 않는 사이공간으로 계절별 다양한 용도로 활용된다.

처마공간 다음에는 마당이 있다. 이 마당은 다음의 3가지 조건을 갖추는 비어있는 공간이 되어야 한다. 첫째, 높낮이가 평탄하고 물이 잘빠질 것, 둘째, 너무 비좁지 않아 햇빛을 잘 받을 것, 셋째, 모양이 평탄하고 반듯하여 비틀어짐이나 구부러짐이 없을 것 등이다. 이런 조건의 공간이기에 마당에서는 곡식을 널어 말리는가 하면 혼례식과 같은 잔치나 기타 집안의 어려운 일에 동네이웃이 모여 서로 위로해 주던 장소이기도 하다. 즉, 마당은 작업을 위한 공간임과 동시에 다양한 생활이 가능한 공간으로 주택의 공간가치를 높여주고 있다. 특히 햇빛을 잘 받는 위치에 형성되는 관계로 강한 햇빛으로 마당이 뜨거워지면 마당에서 공기의 대류현상이 생기고, 이때 상승한 공기만큼 뒷마당의 시원한 공기가 마루와 처마공간을 지나 불어오는 바람이 만들어진다. 또한 반대쪽에서 대문 넘어 불어오는 계절풍과 결합하면 순환형태로 바람이 부는 환경원리가 작동한다. 여름철 더위를 이기는 방법으로 이러한 환경원리를 적용하는 것이 마당에 담겨있다. 이러한 마당은 비워져 있기에 채울 수 있고, 채워짐은 다시 비워지며 또 다른 채움을 준비하는 공간으로 무한한 공간의 가치가 언급되고 있다. 마당은 단순히 홀(Hall)과 같은 동선기능으로 사용되는 기능적인 공간만이 아니라 더불어 다양한 삶이 이루어지는 생활공간으로 다목적인 무한한 가변공간이며 환경의 원리가 작동하는 친환경공간이다. 이 같은 마당은 외부공간이지만 사실상 내부공간과 구분없는 방의 일부로 보는 관점도 있다.

마당 다음에는 대문이 있다. 대문은 주거영역을 표시하는 경계이기도 하지만 집이 외부세계와 통하는 통로로써 살림채가 시작되는 중요한 부분이다. 이 시작점이 세로축의 첫 번째를 형성하고 있다. 그리고 마루의 뒤쪽에 위치하는 뒷마당이 있다. 이 뒷마당은 후원을 꾸며 자연을 주거영역 내에 담는 가치와 함께 땅을 그늘지게 하여 시원한 공기를 만드는 역할을 하기도 한다. 마지막으로 그 위쪽의 담장은 경계를 표시함은 물론 외부의 바람을 막아 주거공간의 안전과 쾌적을 도모하는 역할을 하게 된다.

다음은 살림채의 중심인 마루를 가로축 관점에서 생각해 보겠다. 겨울철을 가정하여 서술하는 관계로 세로축에서 살펴보았던 앞뒤가 개방되는 구조로는 생활에 어려움을 겪을 수 있다. 그래서 이때는 처마공간에 매달려 있는 들어열개문을 내려 닫게 된다. 물론 거주자가 기온이 바뀐 것을 느끼고 직접 내리게 될 것이다. 생활의 불편을 막기 위해 그리고 에너지 낭비를 줄이기 위해 잠깐의 수고스러움을 감수해야 한다. 이러한 잠깐의 수고스러움으로 앞뒤가 열려있던 개방공간은 곧바로 닫힌 실내공간으로 변한다. 이처럼 마루는 개방공간과 닫힌공간으로 변하는 가변적공간의 성격을 보여주고 있다. 또한 세로축에서와는 조금 다른 개념으로 안방에서 건너방으로 옮겨가는 전이공간의 역할을 하기도 하는 것이 마루공간이다. 이렇듯 인간인 거주자가 참여하면 공간은 또 다른 모습으로 쉽게 변하여 환경적응력을 키울 수 있는 것을 알 수 있다.

다음은 가로축의 중요한 공간인 온돌방에 대해서 생각해 보자. 지금은 침실이라 하여 잠을 자는 목적으로 사용되고 있지만 과거의 온돌방은 침실이 되기도 하고, 때로는 식사실이 되기도 하고, 또 때로는 가족실이 되기도 하는 다목적공간이었다. 그렇기에 온돌방은 거주자가 기능적으로 생활하는데 가장 중요한 역할을 담당하는 곳이었다. 그래서 최대한 편리하면서도 경제적이고 쾌적한 공간을 만들어야 했다. 이를 위한 해결책이 바닥난방을 통한 축열과 대류현상의 활용이었다. 즉, 온돌방은 온돌이라는 바닥에 열을 가해서 바닥판을 축열시키고, 그 축열된 열로 대류현상을 일으키며 방 곳곳에 열기를 전달하는 방식이다. 축열체를 이용하는 방식이기에 오랫동안 에너지를 저장하며 사용할 수 있고, 바닥난방형 대류를 이용하기에 발이 따뜻하고 머리가 상대적으로 시원한 환경을 이룰 수 있다. 에너지 자원의 절약과 건강을 동시에 고민한 결과일 것이다.

온돌방에 연결된 부엌 역시 매우 지혜롭게 공간이 활용되고 있는 것을 알 수 있다. 부엌은 음식을 준비하는 곳이기에 기능적으로는 식자재 창고와 연계되어 있을 것이고 음식준비를 위해서는 조리용 에너지를 사용할 수 밖에 없다. 그런데 그 에너지를 동시에 온돌방의 난방에너지 및 기타 필요한 생활에너지로 사용하여 자원의 활용을 극대화 하려는 노력들이 있었음에 감탄을 하게 되는 내용이다. 인간이 살아가면서 에너지를 사용하는 것은 어쩔 수 없었던 일이다. 그러나 낭비하면서 에너지를 사용했는지, 절약하면서 에너지를 사용했는지에 따라 지금 우리의 환경이 다르게 변해 있을 것이다. 한옥의 부엌은 인간이 절약하며 살 수 있는 건축방법을 보여주고 있다. 이것이 친환경건축의 기본 덕목이다. 이 또한 인간과 건축과의 관계에서 절약과 재활용 또는 재사용의 방법 등으로 환경을 보호하고 회복시킬 수 있음을 느끼게 되는 단서가 될 수 있다.

이상으로 한옥의 공간구성을 세로축과 가로축으로 분류하여 살펴보았고 다음은 지금까지의 내용들을 바탕으로 친환경주택이 나아가야 할 방향을 찾는 기회를 가져볼까 한다.

먼저 가로축을 형성했던 닫힌 구조의 마루와 온돌방 그리고 부엌을 통해서 우리는 생활환경을 꾸미기 위한 최소한의 자원소비는 필요할 수 있지만 인간의 참여와 노력으로 자원소비를 최소한으로 줄이고 더 나아가서는 인간참여의 노력이 자연환경 회복에까지 이어지기를 희망한다는 것이 우리의 전통한옥을 통해서 얻고자 한 첫 번째 교훈이다. 친환경주택은 결코 물리적인 기술 해결책만으로 이루어지는 것이 아니다. 환경자원을 소비하며 만드는 건축과 주택이 인간을 위한 것이기에 인간 역시 환경복원에 참여할 의무가 있다는 것을 반드시 깨달아야 한다.

두 번째 세로축을 형성했던 마루와 처마공간 그리고 마당 및 대문 등은 모두 자원의 소비가 거의 발생하지 않는 개방된 공간에서 그 역할들이 이루어지고 있다. 물리적 구조물이 충분히 갖추어져 있지 않다 하여 기능이 약화되거나 주거공간에서의 역할이 적은 것이 아니었다. 오히려 편안하고 활기 넘치며 다양한 활동들이 이루어질 수 있었던 것들이 모두 이 열린 공간들에서 였다. 많은 사람들이 참여하여 다양한 공동체 생활이 가능했던 이 열린 공간에 쓰인 환경자원은 거의 해와 바람뿐이다. 즉, 해와 바람의 원리를 잘 활용하고 그 상태에서 인간의 참여가 적절히 이루어진다면 우리의 집은 결코 지구환경에 해가 되는 존재가 되지 않아도 된다. 너무 쉽고 지나친 편리함만을 찾아서 환경자원을 소비해 왔기 때문에 지금의 지구환경이 위험에 처한 것이다. 지금부터라도 올바른 지구자원의 활용법을 익힌다면 우리는 지금까지의 그 어떤 주택들 보다 좋은 친환경적인 주택들을 만들어 살아갈 수 있을 것이다. 경계 밖의 이웃과 소통하는 구조, 자연의 원리를 이해하고 그 원리를 건축공간에 담으려는 노력과 이해, 환경개선에 책임을 느끼고 참여하려는 인간의 자세 등이 모두 우리의 삶을 보다 평화롭고 지속가능하게 만들어 줄 것이다. 해와 바람의 친환경주택은 바로 한옥의 정신을 실천하는 것이다.

5장 환경 차단형 주택

인간의 환경에 대한 도덕적해이(Moral hazard)가 벌어지는 것은 아닐까?

지금의 기후위기를 촉발한 원인이 이산화탄소(CO_2)를 배출하는 화석연료의 과도한 사용에 문제가 있었다 판단하고, 화석연료 사용의 목적이었던 다양한 에너지 사용을 획기적으로 축소하는데 각종 정책들이 집중되고 있다. 당연히 관련 산업분야들은 이에 동참하고 있으며 건축분야도 에너지를 절약하는데 많은 노력을 기울이고 있다. 이는 현재 선택이 아닌 생존을 위한 필수적인 상황이다. 그래서 에너지절약 건축 또는 에너지절약 주택이 지구환경을 살리는 최선의 선택이 될 것이라고 생각하는 사람들이 많다. 이를 위해 건축분야에서 선택한 하나의 방법이 환경과의 차단방식이다. 즉, 기존에는 건축물 에너지 소비를 통해서 환경에 나쁜 영향을 끼쳤다면 더 이상은 건축물을 통해서 환경에 영향을 끼치지 않을 것이며, 건축물 안에 거주하는 인간들도 추위나 더위와 같은 외부환경으로부터 영향을 받지 않겠다는 환경과의 차단방식이다. 가장 단순하면서 가장 확실한 방법이다. 이 부분에 대한 설명을 위해서 먼저 에너지가 소비되는 내용들을 살펴보겠다.

건축 또는 주택에서 환경을 훼손하며 에너지가 소비되는 분야를 3가지 단계로 생각할 수 있다. 첫 번째가 신축단계 또는 건설공사단계에서의 지구환경자원을 사용하는 것이다. 이때 사용하는 자원은 앞서 설명한 지구의 3가지 자원중 제1자원인 흙과 물 그리고 제3자원인 나무와 같은 생명체 자원인 유형적 자원들을 사용하게 된다. 두 번째는 인간들이 건축물 안에서 살아가기 위한 운영자원들이 사용된다. 주로 냉방과 난방 그리고 조명과 환기 등을 위해서 석탄이나 석유 또는 가스 등을 사용한다. 물론 목재 등을 땔감으로 사용하는 경우도 있었다. 마지막 세 번째가 철거과정으로 철거과정에서 에너지 소모가 생길 수도 있고 또는 철거물이 자연 속으로 동화되어 사라지는지 아니면 쓰레기로 남는지 등의 문제를 생각해 볼 수 있다. 결국 각각의 단계에서 지구환경의 훼손을 최소화하고 인간의 거주생활을 쾌적하게 만드는 것이 친환경주택의 최대 목표이다. 이때 각각의 단계 중 어느 단계에서 에너지 소비가 가장 많이 발생하는 지 파악하여 그 부분을 해결하는 것이 에너지 소비를 줄이는 좋은 방법이 될 수 있다. 그래서 이 부분을 연구한 기록에 따르면 초기 신축단계는 건축물 전체 생애주기과정에서 사용하는 에너지 중 10~20% 정도의 에너지가 소비되고, 철거과정에서 소모되는 에너지는 10% 미만으로 나머지 70~80% 전후의 에너지 소비는 건축물의 운영과정에서 발생한다는 것이다. 주택의 경우는 건축물 안에서 생활하는 시간이 더 많을 수 있기에 에너지 소비의 비율이 더 높을 수도 있다. 이 부분을 해결하기 위해서 환경을 차단하여 에너지 소비를 줄이는 친환경건축은 제1단계인 신축단계를 엄격하게 관리하여 제2단계인 건축물 운영단계의 에너지 소비를 획기적으로 줄이는 방법을 사용한다. 그럼 신축단계에서 어떤 내용들을 관리하는지 살펴보겠다.

첫째가 건축물 단열이다. 건축물 운영단계에서 가장 많이 소비되는 에너지가 난방에너지와 냉방에너지인데 이 부분을 차단하여 냉난방 에너지를 줄이는 것이다. 좀 더 구체적으로 설명하면 여름철에는 밖의 더운 공기가 실내로 전달되지 않게 하고 겨울철에는 밖의 차가운 공기가 전달되지 않게 하거나 실내의 공기온도가 빠져나가지 않게 하기 위해서 벽체에는 단열재를 사용하고 창문은 열의 차단성능이 보다 강화된 창호를 사용한다. 그 결과로 나타나는 모습을 보면 벽체 단열은 외단열 기법을 사용하고 건물의 형태를 단순화하며 창호는 3복층 유리 밀폐형 시스템창호를 사용한다. 이 중 외단열 기법은 외부 온도를 건축물 벽체표면 단계에서 차단할 수 있기에 벽체 구조체의 축열 현상을 방지하여 에너지가 지속적으로 소비되는 것을 막을 수 있고, 형태의 단순화는 건축물 벽체 표면적 량을 작아지게 하여 벽체에서 발생하는 열손실을 줄이게 된다. 또한 밀폐형 3중유리 시스템창호는 일반적인 복층유리보다 에너지 차단효과가 좋은 것은 물론 틈새바람을 차단하는 기밀의 효과가 뛰어나다는 장점이 있다.

두 번째는 기밀이다. 기밀은 틈새바람이 생기지 않게 하는 것으로 기밀도가 떨어지면 실내와 실외의 공기가 서로 오가며 에너지를 소비할 수 있기에 최대한 틈새를 기밀하게 막는 것이 중요하다. 이때 틈새바람은 주로 접합부에서 발생하는데 창문과 벽체가 만나는 부분, 창문과 창문이 만나는 부분에서 발생한다. 좀 더 세밀하게 들어가면 전기콘센트와 같은 설비재가 설치되는 부분에서도 많은 기밀파괴가 이루어지고 있어 주의해야 한다. 그래서 이러한 틈새바람을 막기 위해서 벽체와 창호 사이 틈새를 막는 추가 재료가 들어가기도 하고 밀폐형 코킹재가 부착되어 있는 여닫이 방식의 시스템 창호를 사용하기도 한다. 전기콘센트 등은 구조체와 설비 부속품 사이에 틈새가 있는지 확인하여 틈새를 메운다. 단열도 중요하지만 틈새바람이 생긴다면 이는 환경차단에 실패하는 것이다. 그래서 기밀을 매우 엄중하게 생각하고 관리한다. 건설단계에서 창호설치 등 기본적인 골격이 갖추어지면 기밀성 확보를 검증하기 위해서 기밀성시험(blow-test)을 하기도 한다.

　세 번째는 환기부분이다. 주택은 인간이 거주하는 공간인데 기밀성시험까지 하며 완전히 틀어막았다면 숨을 쉴 수가 없다. 춥고 더운 것은 힘들어도 참으면 될 일이지만 숨을 쉴 수 없다면 이런 주택은 존재할 수 없다. 그래서 환기를 최종적으로 가장 중요하게 다루어줘야 한다. 문제는 완전히 밀폐된 공간에서는 인간에게 필요한 공기를 충분히 공급하기 어렵다는 점이다. 그래서 선택한 방식이 기계식 환기장치를 설치하는 것이다. 다만 환기란 내외부의 공기가 소통하는 것이니, 그 과정에서 에너지 손실이 일어날 수 있다. 그래서 이러한 부분을 방지하기 위해서 환기과정에서 손실될 수 있는 열을 일정부분 회수할 수 있는 열회수형 환기장치를 설치한다. 즉, 실내의 오염된 공기를 배출하고 실외의 신선한 공기를 받아들이는 과정에서 두 종류의 공기를 기술적으로 교차시켜 실내의 온도는 실외에서 들어오는 공기 속에 포함시켜 일정부분 다시 들어오게 하고 오염된 공기만 배출하게 하는 방식이다. 이외에도 환경훼손의 결과인 미세먼지를 방지하기 위한 필터와 동력장치를 설치하기도 하고 실내외 공기가 드나들면서 발생하는 공기의 오염 문제를 해결하는 추가장치가

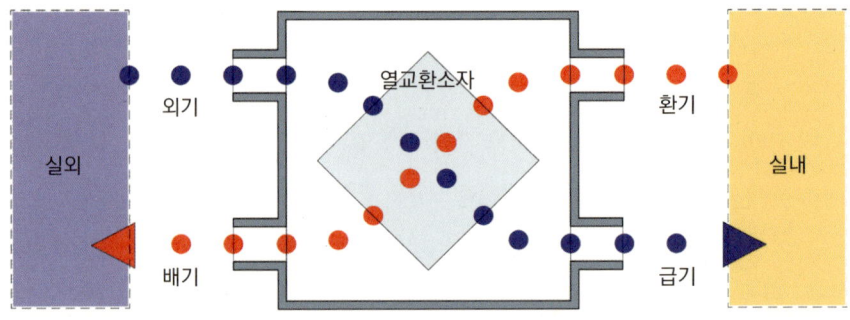

[그림 5-1] 열회수 환기장치 원리

부착되기도 하는 등 열회수환기장치는 점점 환경 차단형주택에서 만능의 해결사로 자리 잡아 가고 있다.

네 번째는 기타부분으로 외부환경의 현상들에 대응하기 위한 추가적인 건축기법들이다. 그 중 중요한 것이 햇빛을 다루는 부분으로 주로 창호와 관계되는 내용들이다. 여름철에는 햇빛이 실내로 들면 당연히 더워지고 냉방부하가 증가한다. 이를 차단하기 위해 처마 또는 차양이 설치되어야 한다. 건축물이 구조체 자체에서 처마가 설치되는 경우도 있지만 그렇지 않다면 창문에 차양이나 블라인드를 설치하여 햇빛이 실내로 들어오는 것을 막는다. 또한 설치위치에 따라 에너지 차단 효율이 달라지는데 블라인드의 경우 가장 효율이 좋은 외부 블라인드를 설치하기도 한다. 문제는 외부 블라인드는 비용이 많이 들어간다는 점이다. 효율을 위해서 높은 비용을 감당할지를 고민해 볼 내용이다. 물론 차양방식이 아닌 외부 덧문을 설치하는 것도 좋은 방법이 될 수 있다. 또한 전체 지구적인 관점에서 지역적으로 남측과 북측의 햇빛 작용이 다르기에 향에 따른 창문의 크기를 고려해야 한다. 때에 따라서는 에너지 절약을 위해서 조망권 등의 다른 가치를 포기해야 하는지 고민할 경우가 생길 수도 있다. 그 외에 지붕 하중이나 방수하자 발생을 최소화하는데 효과가 있는 경사지붕 형태의 사용이나 실내 공간의 높은 천정고가 많은 에너지를 소비할 수 있다는 정보 등을 미리 알고 있을 필요도 있다.

지금까지의 내용을 요약하면 단열, 기밀, 환기장치를 통하여 거주자와 건축물을 환경으로부터 차단하고 그 과정에서 지구환경 훼손을 최소화 하는 것이다. 이것은 밀폐되고 통제된 환경을 만들 수 있기에 실내공기질의 상태를 데이터로 확보할 수도 있다. 이렇듯 환경 차단형 주택은 인간 생명체의 생존을 위해 가장 중요한 환경조건인 환기를 기계의 조절로 만들어가고 그 조절내용으로 데이터를 만들어서 데이터의 통계치에 따라 에너지를 절약하는 방식으로 실내 환경을 조절해 가는 방식이다. 이러한 건축기법을 독일에서 개발하였고 패시브하우스(passive-house)라 명칭하였다. 하지만 패시브하우스의 원래 의미를 조금 왜곡하는 부분이 있어 정확하게는 독일식 패시브하우스라 부르는 것이 맞다. 또한 이러한 노력들로 부족하다고 느끼는 경우에는 태양광이나 태양열, 지열방식 등의 기계장치를 추가로 이용해서 에너지를 확보하는 제로에너지주택을 만드는 방법도 있다. 참고로 패시브하우스의 원래 의미는 주어진 환경조건과 원리를 최대한 활용하여 환경과 공존하며 살아갈 수 있는 집을 뜻한다.

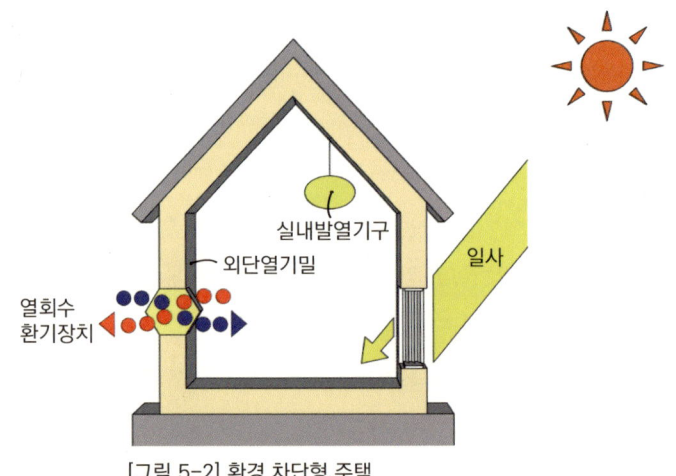

[그림 5-2] 환경 차단형 주택

그런데 여기서 의문점을 갖게 된다. 지구환경이 회복불능의 임계점에 가까워진 현재의 시점에서 에너지 절약형 주택에 대한 선택의 여지가 없다는 것은 이해하겠다. 그런데 앞서서도 언급했지만 지구환경 훼손의 근본적인 이유는 인간의 과소비에서 비롯된 것인데 환경이 나빠졌다고 인간에게 안전한 환경만 만들어 주면 끝날 문제인가? 인간의 과소비 행태가 바뀌지 않는 한 자신의 주택을 통한 에너지 소비는 줄어들겠지만 집밖을 나서는 순간 인간의 과소비 행태는 지속될 것이 아닌가? 아니 어쩌면 기존의 생활방식을 지속하면서도 안전한 주택을 공급받을 수 있다는 안도감에서 기존의 소비행태에 대한 자기성찰 없이 더욱 과한 소비 형태로 이어질 수 있는 것은 아닐까? 소위 말하는 인간의 환경에 대한 도덕적 해이(Moral hazard)가 벌어지는 것은 아닐까? 특히 인간의 자발적인 생활방식이 아니라 기계에 중요한 부분을 의지하며 환경에 적응해 간다는 방식에 더욱 큰 문제가 있다. 간단한 문제 제기를 할 수도 있다. 기계는 녹슬고 마모되어 간다. 때로는 의도치 않은 작동이 이루어지는 경우도 있다. 이럴 때마다 인간 스스로 해결할 수 없고 또 다른 기계의 도움으로 살아가야 할 것인가. 이것이 과연 지구환경을 회복할 수 있는 방법인지 또는 지속가능한 세상을 만들어 갈 수 있는 방법인지 의문이 든다.

두 번째 우려되는 내용은 환경과 차단되어 살아가는 동안 인간의 환경적응력이 저하되는 문제가 있다. 이러한 내용은 이미 많은 건축환경 심리학에서 검증된 내용으로 환경과 단절되어 살아가는 인간은 정신적으로나 육체적으로 환경에 대한 적응력이 심각히 약화된다는 내용들이다. 예를 들어 설명하면 병원에 오랫동안 입원해 있던 사람은 퇴원을 두려워하거나 퇴원 후 사회에 적응하는 것을 무척 힘들어 한다고 한다. 이를 시설의존증(Hospitalism)이라 한다. 인간은 사회적 동물이고 환경의 동물이기에 어떠한 일이 있어도 사회와 환경에 지속적으로 꾸준히 교류하며 살아야 하는 것이다. 그런데 환경이 열악하다고 인간을 환경으로부터 차단하여 환경고립의 상태로 만들어 버린다면 과연 미래는 어떤 모습의 인간들로 사회가 구성되어 있을지 궁금하다. 이러한 환경심리학의 내용들은 공상적인 것이 아니라 실제 벌어지는 내용들이다.

　정리하자면 주택이 인간에게 제공해 주어야 하는 것은 단순히 육체적으로 느끼기에 여름은 시원하고 겨울은 따뜻한 실내공간만이 아니다. 주택을 통해 만들어 가는 우리들의 집은 가족들의 육체적 편리함과 안전은 물론 정신적 건강도 제공해 주는 곳이어야 한다. 이러한 건강을 위해서 주택은 거주자에게 약간의 불편함을 요구할 수 있다. 몸을 움직여서 창문을 열어 보게도 하고, 기꺼이 문밖에 나가서 날씨를 살피게도 해 줘야 한다. 집안에서 너무 편하게 지내는 동안 혹시 자신과 가족의 정신적인 부분과 육체적인 부분에서 건강의 손상을 입고 있는 것은 아닐지 곰곰이 생각해 봐야 한다. 외부와의 환경차이가 심해서 패시브하우스에 살면서 외부에 출입하는 것이 얼마나 어려운 일인 줄 아냐고 다소 자랑 섞인 투로 말했던 어떤 건축주를 기억하고 있다. 그만큼 패시브 하우스의 실내공간이 외부와 다르다는 것이다. 그런데 그때 전혀 다른 깨달음을 갖을 수 있었다. 혹시 패시브하우스는 인간을 온실 속의 화초로 키우고 있는 것인가? 환경 차단형 주택이란 현실적으로 필요는 하지만 어느 부분에선가는 분명 개선할 부분이 있다는 생각이다.

6장 환경 교류형 주택

자연의 원리를 이해하여 집을 짓고, 자연과 교류하게 유도한다.

"주거공간을 설계하는 데 있어 지나치게 많은 인공수단을 사용하기 보다는 자연의 빛, 따스한 온도, 바람에 의한 환기를 제공해 주는 자연의 위대한 가치를 재발견하여야 한다." 이 말은 우리나라를 대표하는 어느 건축가의 말이다. 또한 모든 건축가들의 기본적인 건축철학이기도 하다. 이는 건축이 특히 주택이 인간의 생활을 담아가는 아주 기본적인 시설로써 인간과 환경이 서로 영향을 주고받는 상호 연결된 순환시스템을 구성하고 있다는 것을 잘 알고 있기 때문이다. 그래서 차단하여 막는다는 것은 공간적으로 건강하지 않다는 것 역시 잘 알고 있다. 고이고 막힌 것은 썩기에 모든 물질은 흐르고 순환해야 한다는 것이 자연의 이치이다. 그리고 인간의 생활공간은 이러한 자연의 이치를 이해하여 실현시키는 것이다. 그렇기에 아무리 이산화탄소의 배출을 줄일 수 있는 에너지 절약이 시급하다 하여도 환경과의 차단을 수단으로 쓰기보다는 자연의 이치를 따라서 해결할 수 있는 방법을 찾아야 한다. 그것도 시대상황상 시급히 찾아야 한다. 그것이 진정한 인간과 자연의 순환시스템을 유지시켜서 지구환경을 회복하며 인간을 안전하고 건강하게 살 수 있게 하는 방법이 될 것이라고 생각한다.

그럼 새로운 방법을 찾아가는 생각의 전환을 위해서 잠깐 이솝우화 중 하나인 '해와 바람과 나그네'에 대한 이야기를 상기해 보자. 평소 욕심 많은 바람은 해에게 나그네의 겉옷을 벗게 하자는 내기를 제안한다. 그러고는 힘껏 바람을 불어 나그네의 겉옷을 날려 버리려 하였다. 그러나 바람이 강하면 강할수록 나그네는 겉옷을 더욱 꽁꽁 붙잡고 버티기 시작했다. 결국 바람은 포기하고 대신 해가 나서서 따스한 햇빛을 내리쬤다. 그랬더니 나그네는 스스로 겉옷을 벗어 버렸다는 이야기이다. 강제로 강요해서는 목표를 이루기는 어렵지만 참여자가 스스로 행동할 수 있도록 상황을 만들어주면 훨씬 수월하게 목표를 이룰 수 있다는 교훈을 아주 간단한 이야기를 통해서 얻을 수 있었다. 우리들의 주택도 이러한 교훈을 참고할 필요가 있다. 억지로 틀어막아서 당장 눈앞의 목적을 이루기보다는 인간을 참여자로 하여 스스로 환경과 교류하고 개선해 가려는 노력을 할 수 있게 주택공간이 배경적 조건을 만들어 줘야 하는 것이다. 그것이 진정한 지구환경회복 및 거주자의 안전과 건강을 위한 친환경주택의 실현이라고 생각한다. 이솝우화 속의 바람이 환경 차단형 주택이라면 해는 그와 반대의 주택형식이 될 수 있다. 그것을 환경 교류형 주택이라 부르겠다.

환경 교류형 주택은 시작단계에서부터 환경 차단형 주택과 다른 한 가지 전제가 있다. 환경 차단형 주택에서는 공학적인 건축기술이나 열회수 환기장치와 같은 기계적인 요소들을 통해서 에너지 절약을 하는 친환경주택을 만들 수 있었다면 환경 교류형 주택은 거주자인 인간이 함께 참여하여 친환경주택을 만들어 간다는 점이다. 인간동력이라는 인간 자체의 운동에너지를 이용한 움직임이 있을 수도 있고, 실내 또는 실외 환경상태에 따라 인간 스스로 추가 옷을 입고 벗는 것과 같은 자신의 상황을 조절할 수도 있으며, 계절의 변화에 따라 외부환경조건이 변하는 것을 인식하고 그에 맞는 주택의 생활공간들을 변화시켜 가는 것 등을 할 수 있다. 주거공간에서의 이러한 인간참여는 사실 너무도 당연한 것이다. 그런데 기술중심의 주택이 도입되고 그에 따른 편리성에 심취하다 보니 우리는 어느덧 주택에 있어서의 인간 자신의 위치를 잊어 버리고 있었던 것이다. 주택은 인간의 삶을 위한 것이지 공학기술의 향연장은 아니지 않는가. 물론 막아서 차단하면 쉽게 해결될 것을 개방하여 교류한다면 어려운 문제들이 발생할 수 있다. 그렇다고 문제가 있는 것을 그대로 방치한다면 끝내는 지금 발생하고 있는 기후위기와는 또 다른 문제에 봉착할 지도 모를 일이다. 가장 맞는 행동은 편법에 적응하는 것이 아니라 지금은 다소 어렵더라도 본질을 제대로 찾아서 적용하는 것이 인간의 건강한 삶에 맞는 것이며 또한 미래에 있을 수도 있는 환경에 대한 도덕적 책임문제나 인간의 주체성 상실과 같은 또 다른 문제가 발생하지 않게 하는 바른 선택이 될 것이다.

그럼 환경 교류형 주택은 어떤 특징들이 있는지 살펴보자. 의미가 정확히 같지는 않지만 유사한 내용들을 포함하고 있다는 점에서 먼저 생태주택에 대해 생각해 보려 한다.

생태주택은 생태개념부터 살펴보면 모든 생명체는 서로 유기적인 관계를 맺고 있으며 환경과도 불가분의 상호관계가 있다는 점을 전제로 자연과 인간의 상호관계 및 생태계를 고려한 다양한 건축적 시도로 이루어지는 주거공간개념을 말하고 있다. 생태주택을 주장하는 측에 따르면 환경친화적인 건축재료와 재생에너지 자원을 사용하는 것은 물론 주택에서 생활하는 동안에 발생하는 각종 쓰레기를 친환경적으로 처리하는 것 등을 포함하고 있다. 이를 3가지로 요약하면 천연 흙과 같은 물질적인 순환이 가능한 건축재료

등의 재활용(recycle), 부품 등의 조립해체 등으로 다시 사용할 수 있는 재사용(reuse), 지구환경에 무해하고 무한한 천연에너지 등의 사용을 장려하는 재생가능성(renewable)등이 생태주택의 주요 개념이다. 당연히 재활용과 재사용, 재생가능성을 이루기 위해서는 그러한 생활형태에 맞는 건축공간적인 준비가 되어 있어야 하고, 또한 당연히 그곳에 살고 있는 인간들의 참여가 함께 이루어져야 한다. 그 결과로 이러한 생태주택이 이루어진다면 우리는 능히 건강하고 안전하게 살면서도 지구환경을 회복하는데 도움이 되는 상황을 만들 수 있을 것이라는 생각이다. 극단적으로는 '원시자연인'과 같은 생활의 모습을 연상할 수도 있어 어찌보면 이러한 생활방식은 환경과의 교류보다는 거의 환경에 동화되어 가는 환경 일체형에 가깝다고 할 수 있다. 문제는 환경 일체형이 때로는 현대 사회를 살아가는데 있어 현실적으로 실천하기 어려울 수 있다는 점이다. 그래서 좀 더 현실적으로 이해하기 쉬운 한옥에 대해서 다시 생각해 보려 한다.

한옥 역시 생태주택으로 분류할 수 있다. 그렇지만 환경에 완전히 동화되는 방식이라기 보다는 환경과 교류하며 살아가는 주택이라는 점에서 좀 더 현실적으로 이해하기가 쉽다. 그래서 앞의 글에서 이미 언급하였지만 여기서는 환경과 교류하는 방법에 대해서 조금 더 추가적인 설명을 덧붙여 볼까 한다.

대청마루부터 설명해 본다. 여름철 대청마루는 앞과 뒤를 개방한 상태로 사용하며 앞마당의 대류상승현상으로 상승된 공기만큼 뒷마당에서 공기가 유입되게 하고 이때 유입되는 뒷마당의 시원한 바람을 이용하여 냉방효과를 얻게 된다. 미세한 자연현상을 이용하는 것이기에 환경에 어떠한 부담도 주지 않고 더위를 식히는 효과가 있다. 이런 대청마루가 겨울철이 되면 처마공간에 걸려있던 들어열개문을 내려 앞뒤벽면이 모두 닫히는 온전한 실내공간으로 변해서 외부의 찬바람이 들어오는 것을 막는다. 그만큼 난방의 부담을 줄일 수 있는 것이다. 이때 필요한 것은 거주자가 앞뒤벽면을 닫을지 개방할지를 계절의 상황에 따라 판단하는 것이고, 그 판단에 따른 들어열개문을 작동시키는 노력이 사용될 뿐이다.

또한 지붕처마에 대해서 생각해 볼 수 있다. 지붕처마의 끝부분은 기둥의 맨 밑에서부터 각도가 약30° 정도 되는 위치까지 돌출되는데, 그 이유는 태양의 남중고도가 여름철과 겨울철이 달라 그 효과를 냉난방효과로 이용하기 위한 것이다. 즉, 여름철에는 태양이 높이 떠서 햇빛이 처마에 가려지고 마루는 그늘이 지게 되어 시원한 공간을 만들 수 있게 된다. 한편 겨울철에는 태양이 낮게 떠서 햇빛이 처마 아래로 깊이 들어 올 수 있게 하여 마루에 햇빛이 드는 따뜻한 공간을 만들 수 있다. 계절별로 나타나는 태양의 움직임을 고려하여 처마의 돌출깊이를 정한 것이고, 이 역시 환경에 어떠한 부담도 주는 일이 없이 냉난방 효과를 얻는 지혜를 발휘하고 있다.

한지로 도배된 창호문에서도 환경의 원리를 이용하는 것을 알 수 있다. 첫째는 한지 자체가 완전한 투명성을 갖고 있는 것이 아니기에 실내에 빛이 어두워지는 것을 염려하여 마당흙의 재질을 빛이 반사되는 것으로 선택하여 간접광이 실내로 유입되게 하는 자연적인 조명효과를 이용하고 있다. 두 번째는 외부기온의 변화에 따라 창문의 일부를 열고 닫을 수 있는 여러 겹 층의 창문으로 구성하여 거주자의 판단에 따라 실내기온을 조절하게 할 수도 있다. 한 벌의 두꺼운 옷보다는 여러 겹의 얇은 옷을 입고 체온을 조절하는 것이 훨씬 더 건강에 이롭다는 것을 우리는 익히 알고 있는 내용이 아닌가. 이외에도 온돌방을 비롯한 여러 공간들의 다목적 활용도 자원절약에 큰 역할을 하는 것은 물론이다. 굳이 침실, 식당, 거실 등을 나누지 않고 하나의 방에서 상황에 따라 판단하여 사용할 수 있다면 자원이 절약되는 것은 물론 각각의 상황이 발생할 때 마다 서로 부대끼며 느낄 수 있는 가족들 간의 생활 방법도 배울 수 있을 것이다.

우리의 한옥은 조형적으로도 아름답지만 자연의 원리를 이해하여 집을 지었고 거주자로 하여금 그 원리를 재미있게 배워서 깨닫고 집과 함께 자연과 교류하게 유도한다는 점에서 최고의 친환경주택임에는 틀림이 없다.

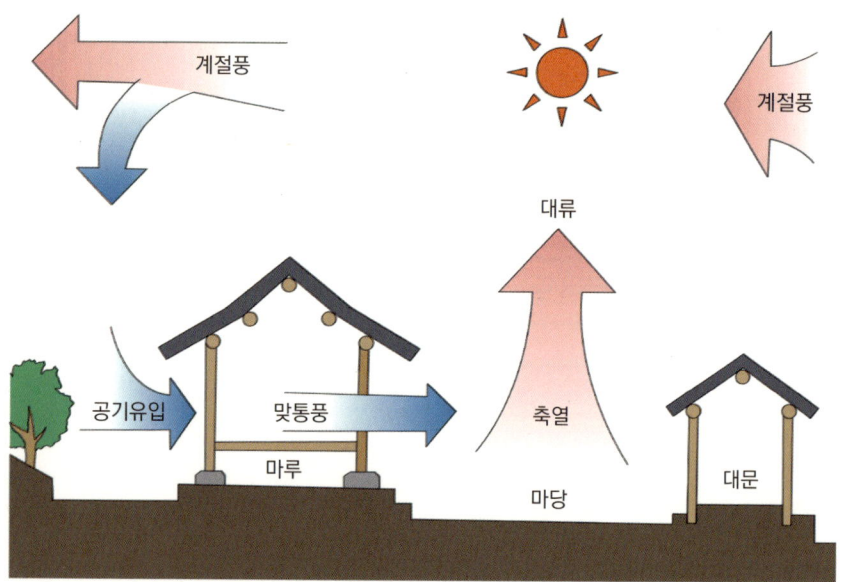

[그림 6-1] 환경 교류형 주택

그러나 과거 한옥이 지어지던 시절에 비해서 외부환경에 대한 방범과 안전문제가 더 중요해졌고, 황사나 미세먼지와 같은 유해한 환경이 점차 증가하고 있으며, 바이러스의 잦은 창궐로 병균의 공기전파 등도 걱정해야 하는 상황이 되었다. 그 멋진 대청마루의 개방성을 희망하기에는 지금의 환경이 너무 열악해 졌다. 그래서 지금의 주택은 현관문을 꼭 닫아서 외부로부터의 침입을 방지하는 밀폐구조가 되어야 하고, 황사, 미세먼지나 바이러스 등의 실내 유입을 막기 위해 각종 필터 등을 문 앞에 달아야 하는 상황이다. 각각의 방들은 제각각 독립된 목적으로 되어 있기에 꽃 화분 하나 실내에 놓기에도 많은 고민을 해야 한다. 또한 화장실과 주방 및 단열재 사용방법 등은 과거 한옥과 지금의 주택에서 완전히 다른 부분이다. 그렇기에 과거 한옥 모습에 지금의 주택공간을 그대로 대입하는 것은 문제가 될 수 있다. 즉, 이 글에서 주장하고 싶은 것은 우리의 전통 한옥이 생태주택이고 환경 교류형 주택이니 지금에 와서도 그대로 적용하면 된다는 뜻이 아니다. 그 정신과 원리를 배우자는 뜻이다.

첫째, 한옥을 통해서 보았듯이 지구환경에 해를 끼치지 않고 환경과 순환시스템을 유지할 수 있는 생태주택이며 환경 교류형 주택이 있다는 점.

둘째, 환경의 변화를 이해하고, 그 변화에 맞는 공간과 형태를 조절해 가는 가변적 공간구성을 통해서 자원의 절약은 물론 거주자로 하여금 환경에 적응하는 노력을 기울이게 유도하는 인간 참여형 주택을 만들 수 있다는 점.

셋째, 다목적공간의 활성화를 통해서 시설물을 구축하는데에 따른 자원의 소비를 절약할 수 있었으며, 다목적공간에 대한 거주자의 적절한 생활형태 변화를 겪게 하여 다양한 생활을 가능하게 하고 그에 따른 가족 간의 의미 있는 감정적 교류를 이룰 수 있게 한다는 점.

이외에도 한옥이 갖고 있는 많은 장점들을 현재의 주택에 적용할 수 있을 것이다. 다만 방금 전에도 언급한 것과 같이, 이 글의 참뜻은 전통한옥을 지금에 그대로 되살리자는 것이 아니다. 한옥의 원리만 잘 이해해도 지구환경 훼손을 최소화하고, 환경을 회복하며, 거주자의 안전과 건강을 도모할 수 있는 환경 교류형 주택을 만들 수 있다는 뜻이다. 물론 더 발전된 환경원리가 적용된 공간들이 나타난다면 대단히 훌륭한 일이 될 것이다. 인간의 생활공간을 막고 차단해서 엔지니어링 데이터를 수집하고, 그 데이터로 조절해 가는 주택은 건강한 집이라고 말하기가 어렵다. 인간이 환경과 함께 살아간다는 것이 중요하다. 그런 환경 교류형 주택을 만들 수 있다. 특히 명심할 것은 환경 교류형 주택의 매우 중요한 대전제는 기계가 아닌 거주자인 인간의 참여로 이루어진다는 것이다.

7장 전이공간 현관 아트리움

환경과의 교류에서 발생하는 충격을 완화시켜 준다.

   자연환경과 교류할 수 있는 주거공간을 구성하는 것이 맞다고는 하였지만 현실적으로는 그것이 결코 쉽지 않은 일임을 알고 있다. 방범과 안전에 대한 요구가 증가하는 등의 사회적 환경이 이미 많이 바뀌었고 개인의 프라이버시 보호를 위한 주택의 공간구성도 많이 바뀐 상태이다. 여기에 더하여 외부 자연환경은 이미 상당부분 나빠져 있고 앞으로도 더욱 나빠질 것으로 예측되기에 섣부른 외부환경과의 교류가 오히려 더 안 좋은 결과를 낳을 수 있다는 걱정이 있다. 결국 주택은 점점 더 밀폐되어 가고 환경으로부터 멀어지는 현상들이 나타나고 있는 실정이다. 이 상태가 지속된다면 인간은 환경과 심각하게 단절될 것이고 지속가능한 세상을 만들어 가는데 큰 어려움이 닥칠 것은 자명한 일이다. 특히 에너지절약을 목적으로 환경과 차단하는 주택 방식을 지속할수록 실내공간과 실외공간의 환경적 차이가 심해져서 인간은 끝내 인공적으로 통제되는 온실 속에 갇혀 버릴지도 모른다는 두려움이 있다. 이렇듯 내외부 공간의 환경적 차이가 심할 때 해결할 수 있는 공간적 해결방법은 없을까? 그에 대한 해답은 '전이공간' 구성법에서 찾을 수 있다.

   전이공간은 하나의 공간이 있고 그 공간과는 다른 성격의 공간이 결합하면서 생기는 충돌과 갈등, 스트레스 발생 등을 완화하기 위한 공간구성 요소로써 보다 쉽게 설명하면 하나의 공간에서 다른 성격의 공간으로 이동할 때에 그 사이를 연결해 주는 중간적 성격의 완충공간을 의미한다. 예를 들어 설명하자면 잠수함에서 외부작업을 위해 바닷 속으로 들어갈 때나 우주선에서 밖으로 나갈 때 감압실을 거치는 것도 서로 다른 환경에 대한 충격을 최소화하려는 전이공간 계획 중 하나이며, 병원 수술실에서 청정구역을 만들기 위해 공기압력을 달리한 전실을 구성 하는 것도 전이공간 계획 중 하나이다. 이처럼 전이공간은 건축공간에서 매우 중요한 역할을 한다. 또한 전이공간은 서로 다른 공간들 사이에 발생할 수 있는 불편한 충돌현상을 완화시켜주는 것과 동시에 그 과정에서 뜻밖의 새로운 기능과 생활이 나타날 수도 있는 공간이다. 전이공간을 통해서 미세먼지를 걸러내어 깨끗한 공기를 실내로 공급할 수 있다면 좋겠고, 여름과 겨울철에 어느 정도 온도조절과

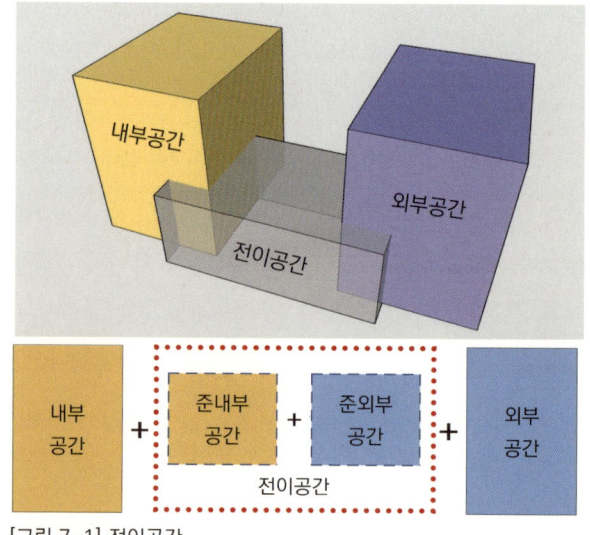

[그림 7-1] 전이공간

쾌적한 환경을 제공하는 기능이 있다면 더욱 좋을 것이며, 외부의 유해물질 침입으로부터 조금이라도 더 안전한 공간을 제공할 수 있다면 더더욱 좋을 것 같다. 이외에도 전이공간이 주택에서의 다양한 생활에 새로운 활력을 줄 수 있는 공간적 가치를 발휘할 수 있다면 꽤 의미가 있을 것 같다. 그 중 가장 중요한 것은 거주자로 하여금 내부공간과 외부공간을 오가는데 생기는 스트레스를 줄여줌으로써 인간과 환경의 교류를 보다 쉽고 편하게 만들어 줄 수 있다는 점이다.

한편 전이공간은 주거공간을 매우 풍요롭게 하는 중요한 공간이지만 기능적으로 뚜렷한 목적을 정의할 수 없어 외면 받는 경우도 종종 있다. 그 중 대표적인 예는 공동주택인 아파트에서 일종의 전이공간이라 할 수 있는 발코니를 확장하여 단순한 실내공간으로 만드는 경우이다. 이는 주거공간을 기능적인 측면과 재산가치의 증식 목적에서만 바라보았을 뿐, 인간의 정신적, 심리적 측면은 고려치 않은 결과이다. 특히 땅으로부터 높이 떨어져 있는 아파트의 실내공간에서 외부환경과 접촉한다는 것은 쉬운 일이 아니다. 그나마 발코니라는 전이공간을 통해서 인간과 외부환경의 교류를 이어올 수 있었던 것이 사라지면서 인간은 환경과 더욱 단절되는 상황이 되었다. 건축환경 심리학에서는 많은 연구를 통하여 이러한 고층상태에서의 환경 단절이 인간의 건강에 부정적인 영향을 많이 미치고 있다는 지적을 하고 있다. 혹시 이 글을 읽는 독자의 입장에서 아파트 발코니가 사라진 창가에 서서 공포심이나 기타 두려움을 느낀 적은 없는지 생각해 봤으면 좋겠다. 작은 공간적인 스트레스가 무의식중에 지속적으로 쌓여서 끝내는 인간의 건강에 영향을 끼치는 것이다. 그래서 주거공간에서 안정감을 느낄 수 있는 좋은 공간들을 다양하게 만드는 것이 중요하다. 다행히 아파트에서는 뚜렷한 공간의 명칭을 결정하지 못한 경우에 '알파(α)공간'이라 부르기도 하여 많은 사람들이 알파공간이라는 낱말에 익숙해 져 있는 상황이라서 전이공간 역시 일종의 알파공간이라 이해하고 적용하면 좋을 것 같다. 알파공간, 다목적공간, 애매한공간, 완충공간, 매개공간 모두 전이공간에 맞는 말이다.

그럼 점점 밀폐화되고 있는 주택에서 어느 부분에 전이공간을 구성하면 좋을지 생각해 보자. 당연히 내부와 외부가 가장 빈번히 교류하는 곳이 맞고, 현관부분이 그렇다. 현관은 주택의 출입부분으로 현관의 외부나 내부에 전이공간을 설치한다. 이때 외부나 내부라는 표현은 전이공간의 형식이 다양하다는 의미이며 크게 구분하자면 준외부공간과 준내부공간으로 나눌 수 있다.

먼저 준외부공간에 대해서 생각해 보겠다. 준외부공간이란 본질적으로는 외부공간이지만 일부 벽체나 일부 천정을 설치하여 완전한 외부공간과는 달리 일정한 영역이 형성된 공간을 의미한다. 예를 들어 일부 벽체가 있는 경우는 시선을 차단할 수 있다거나 바람이나 햇빛을 차단할 수 있고, 사람의 움직임인 동선을 유도할 수도 있다. 허허벌판에 심어진 커다란 나무 그늘 밑을 상상하는 것도 이해하는데 도움이 될 것 같다. 또한 일부 천정이 있는 경우는 앞서 앞뒤가 개방된 한옥의 대청마루가 그러했듯 경치 좋은 곳에 설치된 정자를 생각해 볼 수 있다. 이런 경우는 분명 실내공간 같기는 한데 벽체 사방이 뚫려있어 자연환경과 함께 체감적으로 일체화를 느낄 수 있는 공간이다. 다만 천정이 설치되는 경우는 건축법규상 내부공간으로 분류될 수 있기에 준내부공간에 속하다고 볼 수도 있다.

다음은 준내부공간에 대해서 생각해 보겠다. 이 공간은 분명 내부공간인데 다른 내부공간들과는 환경적인 조건이 다를 때 지칭할 수 있는 말이다. 즉,

바닥과 벽체와 천정이 모두 설치되어 있지만 공간의 목적이 불분명하기도 하고, 냉난방 등의 환경이 다른 실내공간과 달라서 정상적인 실내 거실이나 침실 등과 같은 공간으로 사용하기에는 어울리지 않은 경우이다. 앞서서도 말했지만 알파공간이나 다목적공간, 애매한 완충공간 등이 이에 속한다.

이러한 준외부공간과 준내부공간 중 해와 바람의 친환경주택을 위한 중심 전이공간은 준내부공간으로 구성하기로 한다. 이 이유는 준내부공간이 생활공간으로써는 보다 많은 공간의 변화를 추구할 수 있기 때문이다. 준외부공간은 별도의 공간에서 추가적인 전이공간으로 역할을 담당하게 된다.

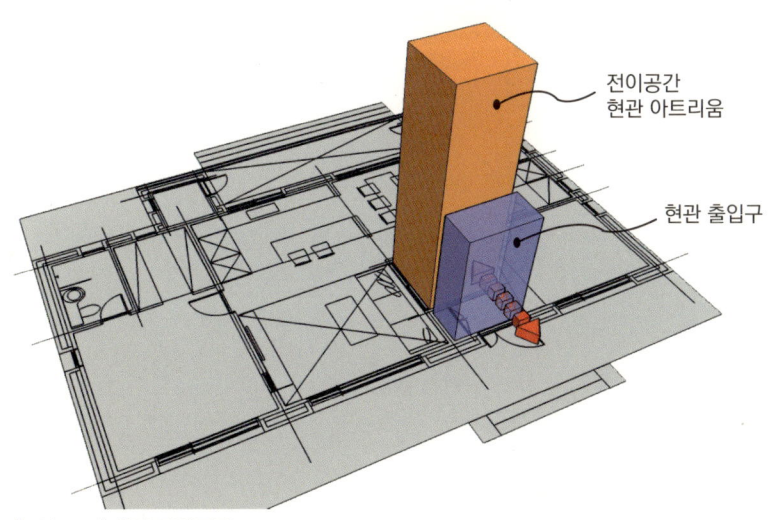

[그림 7-2] 현관 전이공간

다음은 현관에 설치되는 준내부공간의 보다 정확한 위치에 대해서 생각해 보자. 2가지 방법이 있다. 하나는 외부공간에서 준내부공간으로 그 다음은 현관 그리고 다음은 실내공간으로 이어지는 방법이다. 다른 방법은 외부공간에서 현관으로 그 다음은 준내부공간으로 그리고 다음은 실내공간으로 이어지는 방법이다. 2가지 방법 모두 나름대로 의미는 있지만 보다 좋은 방법은 두 번째 방법이다. 이 역시 이유는 각각의 공간에서 발생하는 공기질의 청정도를 볼 때 오염구역인 외부에서 신발 등을 신고벗는 행위 등으로 또 다른 오염구역이 되는 현관을 거친 후에 청정구역인 준내부공간을 만드는 것이 실내환경을 위해 훨씬 좋은 선택이 될 것이기 때문이다.

또한 준내부공간인 전이공간의 크기는 거주자의 선택에 따라 결정되겠지만 작게는 1평에서 크게는 2평 정도면 충분한 모습을 갖출 수 있다. 이때 불필요하게 커져 있는 현관이 있다면 그 크기를 줄이고 대신 그 면적만큼 전이공간을 확대하여 형성할 수도 있기에 실제로 전이공간을 위해서 추가로 할애할 면적은 1평 이하가 되는 것이 보통이다. 약 1평 정도의 면적을 이용해서 환경과 교류할 수 있는 주택을 만들 수 있다는 것은 거의 기적과도 같은 일이다. 지금까지 설명해 왔지만 환경과 교류하는 주택을 만드는 것이 얼마나 절실히 필요한지, 그럼에도 불구하고 실제로 그런 주택을 만드는 것이 쉽지 않은지 설명해 왔다. 그것을 약1평으로 해결할 수 있다니 놀랍지 않은가. 어쩌면 친환경주택을 만든다는 입장에서는 열회수환기장치의 가격이나 설치면적 등을 고려해 볼 때 오히려 훨씬 더 이익이 될 수 있다는 것을 깨닫게 될 것이다. 과연 그 놀라움들이 무엇인지 앞으로 전개되는 글들을 기대해 주기 바란다.

다음은 전이공간인 준내부공간이 사각형 형태의 평면을 구성하고 있다는 가정으로 평면구성에 대한 설명을 이어가겠다. 벽체 4면 중 1면은 현관과 만나는 부분에 중문을 설치하고, 반대편에는 실내공간으로 들어가는 출입문을 설치한다. 이때 출입문은 투명성의 유리로 만들어진 미닫이 문이 좋다. 또한 좌우측 벽면 중 한 쪽의 실내에는 거실이 구성되게 하면서 그 거실과의 경계벽에 유리창문을 설치한다. 이 유리창문의 높이는 거실의 소파 높이를 고려하여 일정 부분 높이에 설치하고 그 높이 밑으로 전이공간 내에 휴게용 의자나 작은 벤치를 설치한다. 물론 벤치 하부에 책꽂이 등의 수납공간을 설치하면 공간활용도가 더 좋아 질 것이다. 그리고 나머지 한 쪽 벽면은 실내측 공간의 종류에 따라 달라 질 수 있다. 단순 벽면이 될 수도 있고 창문이 될 수도 있으며 다른 형태로 구성될 수도 있다. 다만 최소 3곳의 벽면은 지금 설명한 방법으로 구성하고자 한다.

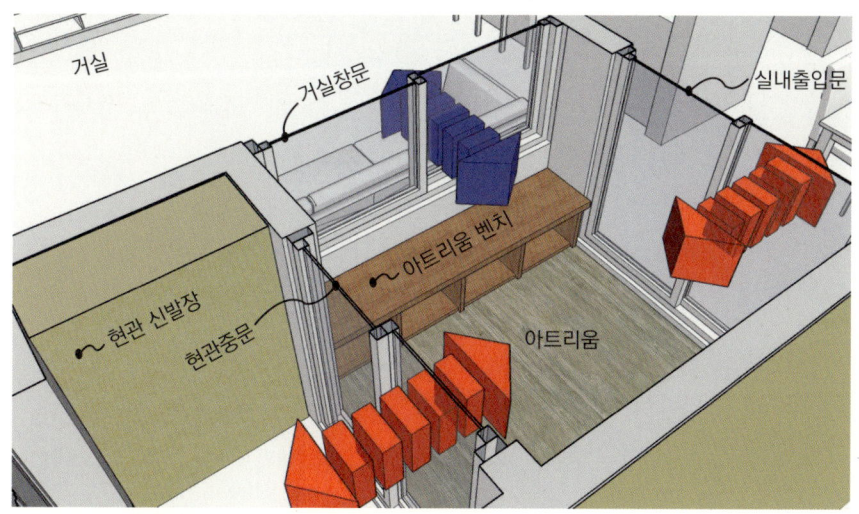

[그림 7-3] 현관아트리움 평면구성

다음은 높이에 대한 부분이다. 전이공간의 높이는 약 2개층의 높이로 구성된다. 1층 높이의 벽면에 대해서는 방금 설명한 것과 같고 2층 높이의 벽면에 대해서는 조금 다른 구성을 갖는다. 우선 중요한 부분은 남측을

향하는 벽면인데 이 벽면은 현관과 구분하는 전이공간의 1층 벽면이 위로 연장되는 것이 아니라 현관 외부 벽면이 연장되어 올라온 벽면이다. 그 이유는 현관이 1층 높이까지만 형성되고 그 위는 다른 용도의 추가 설치가 가능한 빈 공간으로 남기 때문이다. 그리고 이 벽면에는 남측의 햇빛을 받을 수 있게 최대한 큰 고창(高窓)을 설치한다. 다만 여름철 뜨거운 햇빛이 들어오지 않게 하기 위해서 고창(高窓) 외부에 수평루버를 설치하여 계절에 따른 햇빛의 유입을 조절할 수 있게 한다. 한옥의 처마와 같은 기능이다. 물론 디자인 적인 측면을 고려하여 수평루버의 형태나 설치갯수를 조절할 수 있다. 여기서는 일단 처마와 같은 개념으로 각 수평 루버 외부 끝부분에서 하부 창문의 수평 창문프레임까지 각도가 약 30° 정도 되게 한다. 그리고 고창(高窓)의 반대쪽 실내 벽면은 다락이나 2층에서 개폐할 수 있는 창문을 두어 조망용으로 쓰는 것은 물론 추후 설명하게 될 다른 기능과 연계시킨다. 나머지 2개의 벽면은 평면구성에 따라 달라질 수 있다.

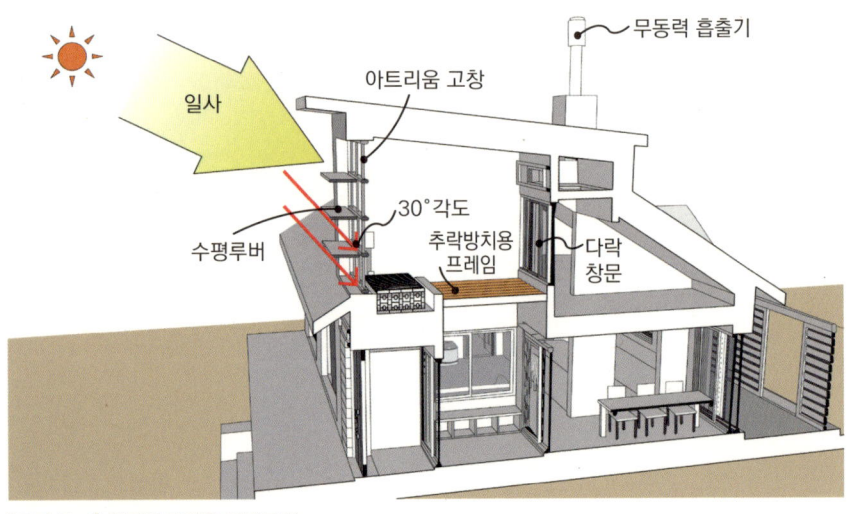

[그림 7-4] 현관아트리움 단면구성

또한 전이공간의 지붕은 가능하면 남측이 조금 더 높은 경사지붕을 설치하여 빗물이 자연스럽게 흘러내릴 수 있게 하며, 전이공간 내부의 공기를 자연 바람의 힘으로 배출할 수 있도록 무동력 흡출기가 달린 배기관 굴뚝을 설치한다. 이 부분은 추후 자연환기 부분에서 상세히 설명하겠다. 이외에도 전이공간의 전체 높이 중 중간 부분에 수평프레임들을 설치하여 다락이나 2층에서 추락방지용으로 사용하는 것은 물론 실내정원의 구성 등 다른 기능들에 대한 가능성도 고려해 둔다.

 이 외에도 좀 더 세부적으로 설명할 부분들이 있지만 그것은 해당 성능을 설명하는 부분에 가서 추가적으로 설명하는게 좋을 것 같다.

 이 전이공간은 인공적인 냉난방을 하지 않는 것이 원칙이다. 오로지 햇빛의 힘으로 에너지를 공급하며 그 영향으로 발생하는 축열과 공기의 대류현상을 이용하여 공기의 흐름을 유도한다. 이때 거주자는 다양한 환경의 흐름을 체험하게 되고, 그 흐름을 만들기 위해서 함께 참여하게도 된다. 또한 내외부 공간의 중간적인 환경조건을 유지하여 거주자로 하여금 환경과의 교류에서 발생하는 급격한 환경변화의 충격을 완화시켜 주는 역할을 하게 된다. 그 결과로, 환경과의 교류를 촉진하게 된다. 환경과의 차단방식이 아니면서, 기계설비의 작동에 의지하지 않으면서도 건강하고 안전하며 쾌적한 주택을 만들 수 있다. 상대적으로 작은 규모임에도 불구하고 아마도 주택 내에서 환경의 질을 높이는 가장 중요한 성능구현 공간이 되지 않을까 생각하고 있다. 끝으로 이 전이공간이 실내형 아트리움과 유사한 모습을 하고 있다. 그래서 설치위치를 고려하여 현관 아트리움이라 부르기로 한다.

8장 현관 아트리움의 공간 가변성과 건강성

환경변화에 대응할 수 있게 도와주는 친환경주택

  기존의 주택현관은 신발장에서 발생하는 냄새나 외부 이물질의 유입이 쉬운 공간적 위치상 습하고 지저분한 느낌을 풍기는 경우가 많다. 그런 현관에 햇빛을 이용하는 아트리움을 추가하여 설치하면 진입공간부터 집의 분위기를 밝고 활기찬 공간으로 바꿀 수 있다. 이 아트리움은 실내 거실 공간 등과 구분하는 벽체로 둘러 쌓여있지만 아트리움과 실내공간 사이의 경계벽체에 창문을 두어 진입기능은 물론 창문의 개방에 따라 실내공간이 다양하게 확장되는 가변성을 얻을 수도 있다. 이번 글에서는 아트리움에서 어떤 공간적인 가변성을 만들어 낼 수 있는지, 냄새나는 습한 공간인 진입공간을 어떻게 건강하고 쾌적한 공간으로 만들어 가는지 생각해 보려 한다.

  먼저 현대주택의 공간구성을 보면 거의 대부분이 단일한 목적의 공간들로 연결되어 있는 것을 알 수 있다. 침실은 잠을 자는 곳이고, 거실은 공용공간으로 가족 간의 화목한 교류를 위한다지만 실상은 소파에 앉아 tv를 보며 쉬는 곳이고, 주방은 음식을 만들고 식당은 식사를 하는 곳이다. 각각의 공간목적에 맞지 않는 행동을 할 경우는 '원래는 맞지 않지만 임시로 하는 행동'이라며 편안한 마음으로 그 공간을 사용하지 않는다. 특히 이러한 단일목적의 공간들을 연결하는 동선들도 최대한 단축되어 있다. 이래야 좋은 건축이고 경제적이며 효율적인 건축이라고 여겨져 왔다. 물론 당연히 맞는 말이다. 불필요한 공간을 만들고, 불필요한 연결동선을 만든다면 의미없이 비싼 집을 지을 수 밖에 없고 결국은 지구자원을 낭비하는 결과가 될 것이다. 그러나 이러한 과정에서 가족 간에 부대끼며 살아가야 하는 주택에서의 생활이 물리적으로 제공되어 있는 공간의 지정된 목적만큼만 이루어질 수도 있다는 우려가 있다. 기능적이고 경제적인 주택을 마련하는 것이 맞지만 그래도 그 사이에는 전혀 다르게 생각하고 숨쉴 수 있는 공간도 필요하다. 마구잡이식의 공간이 아니라 매우 치밀하게 계획한 여유공간이 필요한 것이다. 현관 아트리움이 그것이다. 특별히 이름 지을 수 없어 애매한 공간이라 부르지만, 또는 일반 건축에서는 그저 평범한 홀(Hall) 같이 보이는 공간이지만, 약 1평 조금 넘는 이 작은 공간을 통해서 어떠한 다양한 생활들이 이루어 질 수 있는지 생각해 보자.

일단 현관 아트리움에 들어서면 물리적으로 사방이 모두 막혀 있다. 비록 투명유리 미닫이문과 창문이 있고 위에서 햇빛이 들어오기에 어둡지는 않겠지만 필요시 창문 블라인드 등이 설치되어 펼쳐져 있다면 실내공간과의 시선교류가 차단될 수도 있다. 이때의 아트리움은 실내공간과 분리된 별도의 작은 홀(Hall)이며 실내외 출입을 위한 대기공간이 될 수 있다. 또는 조용히 아트리움 벤치에 앉아 사색하는 공간이 될 수도 있다. 이 아트리움은 인공적인 냉난방을 하지 않아서 실내외 공간의 중간적 환경조건을 갖게 됨으로 신체적으로도 약간 다른 느낌이 생길 수 있다. 이 상태에서 블라인드를 걷어 올리면 시각적으로 실내가 모두 하나의 공간으로 인식되어 일체감을 느끼게 된다. 이를 투명성이라 한다. 또는 실내에서 아트리움을 바라보면 작은 유리방 안에 사람이 있다고 느껴질 수도 있다. 한걸음 더 나아가 아트리움의 경계벽에 설치된 창문이나 미닫이문을 열면 거실 등의 실내공간과 아트리움이 하나의 공간으로 일체화된다. 비록 창문턱 등의 높이차가 생기겠지만 의도한 불편 요소인 창문턱을 장난삼아 넘나들 수 있는 일체형 공간이 된다. 아주 사소한 행위 같지만 이러한 사소한 것들이 아트리움에서 매일같이 일어나며 작은 추억들을 만들어 가게 된다.

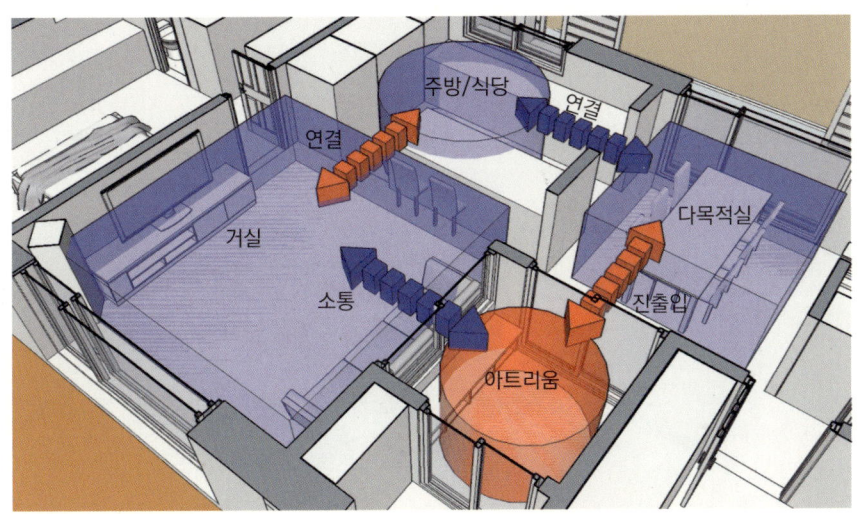

[그림 8-1] 투명성과 개방성

한편 현관 중문의 반대편에 있는 미닫이문을 열고 들어가면 식당 겸, 응접실 겸, 작업실이며 서재가 될 수 있는 다목적실이 형성되기를 희망하고 있다. 이 다목적실에 대해서는 뒤에 '해와 바람의 친환경주택 공간구성'에서 다시 언급하도록 하고 여기서는 공간이 형성된다는 것만 인지하는 것으로 하자. 이 다목적실에서 북측 바깥쪽으로 출입이 가능한 큰 창문을 설치하고 거기서 밖으로 나가면 작은 테라스가 형성되게 한다. 또한 이 테라스 북측 외곽으로 겨울철 북측에서 불어오는 바람이 다목적실로 직접 부는 것을 막아주기 위한 바람막이용 덧문을 설치할 수도 있다. 이 역시 뒤에서 다시 설명하기로 한다.

어떻든 이런 상태가 되면 남측 마당에서 현관과 아트리움 그리고 다목적실과 북측 테라스 및 뒷마당까지 일직선 상에 놓이게 되고 각 공간들을 구분하는 문만 열어두면 앞마당부터 뒷마당까지 서로 통하는 구조가 된다. 바람이 불 때는 맞통풍구조가 된다. 기존에 아파트 문화에서 경험한 맞통풍은 가족들의 공간인 거실을 통과하는 바람 때문에 때로는 불편함을 느끼기도 하지만, 현관 아트리움을 거쳐 가는 맞통풍은 거실은 거실대로 보호하면서 별도의 구획된 공용공간만을 통과하는 맞통풍이 일어나게 할 수 있다.

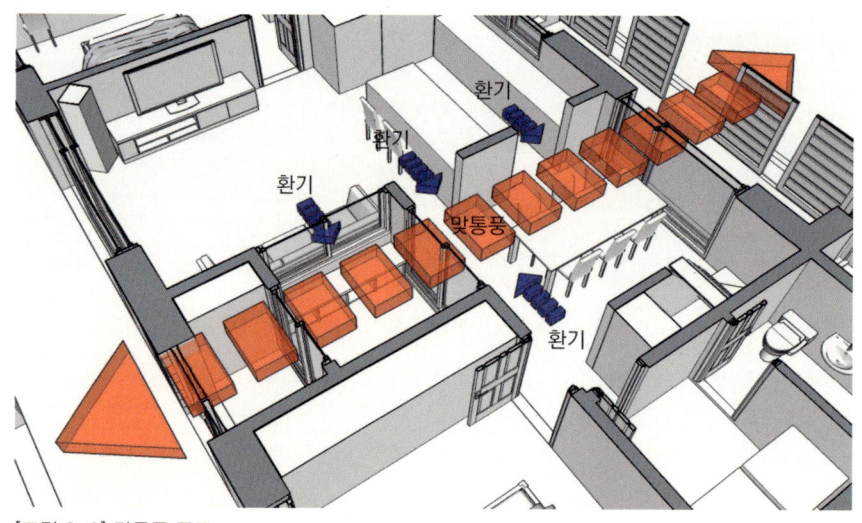

[그림 8-2] 맞통풍 구조

 실내공간을 각각 독립된 공간으로 구획할 수 있고, 때로는 주택의 주요공간들을 하나의 공간으로 일체화 할 수도 있으며, 또한 때로는 독립된 구획을 만들어 맞통풍 구조를 만들 수도 있다. 이러한 공간적인 가변성은 단지 수평적인 평면구조를 설명한 것에 불과하다. 아트리움이 2개 층 높이를 갖고 있다는 점에서 수직적인 변화를 추가로 고려한다면 공간적인 변화는 더욱 다양해 질 수 있다. 이러한 내용들과 차차 설명할 내용들을 종합하여 각자 생활에 맞는 더 많은 방법들을 찾을 수 있을 것이다.

다음은 현관 아트리움을 통해서 얻을 수 있는 건강성 부분에 대해서 생각해 보겠다.

아마도 인간의 건강을 위해 가장 크게 고려할 부분은 호흡을 위한 공기의 청정성이 아닐까 생각한다. 이 내용들은 뒤에 언급하게 될 환기부분과 연계되는 것으로 그 전제부분에 해당되는 내용들이다. 첫 번째가 햇빛을 이용한 살균부분이다. '해와 바람의 친환경주택'에서 환기를 위한 공기의 기본적인 유입방식은 아트리움을 통하는 것이다. 즉, 외부의 공기가 아트리움으로 들어오고 여기서 각종 자연정화작용을 거친 후에 실내로 공기가 공급되게 되어 있다. 이에 대해서 보다 자세히 설명해 보겠다. 외부의 공기가 간단한 건축적 단계를 거쳐 아트리움으로 들어온다. 이때 공기 속에 포함된 습기 등의 이유로 눅눅한 느낌이 들 수도 있고 왠지 모를 공기에 대한 불안감이 있을 수도 있다. 평소 외부창문을 통해 직접 환기할 때나 열회수 환기장치와 같은 기계장치를 이용할 경우는 이를 추가로 관리할 방법이 없다. 그러나 아트리움에 들어 온 공기는 남측 고창을 통해서 들어오는 햇빛을 이용해 자연적인 살균작용을 거치게 된다. 햇빛은 기본적으로 열에너지과 빛에너지를 전달하지만 또한 공기를 살균하는 효과가 있다. 이를 이용한 것이다. 이렇게 아트리움에서 살균되는 공기는 거주자의 사용방법에 따라 자동이나 수동으로 실내에 공급된다. 매우 간단하다. 이 글에서 설명하는 아트리움의 설치여부에 따라서 아트리움이 없는 집은 아무런 검증없이 공기가 유입되고 아트리움이 있는 집은 안전한 공기가 유입되는 차이가 생긴다.

두 번째는 바이러스 등의 병원균이 공기전파라는 최악의 전염가능성으로 발생했을 때 아트리움을 통해서 가족의 건강을 지키는데 역할을 기대해 볼 수 있을까를 생각해 보는 내용이다. 병균의 공기전파는 사람들이 항상 "설마?"라고 의심하면서도 가장 두려워하고 있는 내용이다. 그렇지만 이미 모두가 경험하고 있듯이, 지구환경파괴의 결과로 전세계적인 바이러스의 창궐은 더욱 심해지고 있다. 발생빈도가 높아지는 것은 물론 치료제가 없는 신종 바이러스 또는 원시 바이러스의 창궐이 현실화 되고 있다. 이때 과연 우리의 집이 가족을 보호해 줄 수 있을지 고민하게 된다. 그래서 이를 해결하기 위한 건축적인 방법으로 선택한 것이 추가적인 신규 공기층 공간을 형성하여 바이러스의 전달을 신규 공기층에서 처리하는 방식이다. 이 신규 공기층이 아트리움 공간이다. 이 역시 작용 원리는 간단하다. 그러나 정확한 이해를 위해서 보다 자세히 설명해 보겠다. 일단 외부 공기가 아트리움으로 들어온다. 특히 신경 쓰게 되는 부분이 현관을 통해서 출입하는 사람들과 함께 유입되는 공기 속의 유해 물질들이다. 이 공기들은 1차로 아트리움 공간과 만나기에 바로 실내로 유입되지 않는다. 또한 여기서 햇빛을 통한 살균을 할 수도 있고 아트리움 내의 자연적인 대류현상을 이용해서 상부 배기관을 통한 배기가 될 수도 있다. 좀 더 안전을 도모하고자 할 경우는 인체에 무해한 위치에 살균등을 설치하여 인공적인 살균을 가할 수도 있다. 무언가 할 수 있는 공간이 있다는 것만으로도 충분히 보다 좋은 방법을 찾아 낼 수 있을 것이다. 만일 아트리움 공간이 없다면 외부 공기가 바로 실내로 유입된다. 또는 라인 디퓨저(Line-diffuser)라는 기계장치를 이용해서 에어샤워(Air-shower)를 하며 외부공기를 차단하는 방법이 있지만 이는 건축 비용을 상승시키는 요인일 뿐 아니라 장기적인 차원에서는 자연 정화의 무한한 힘을 이길 수 없다.

세 번째는 아트리움에 실내정원을 꾸미는 경우로써 미세먼지 등에 대한 자연정화현상을 기대할 수 있다. 이때 온실을 만드는 것은 공기정화만을

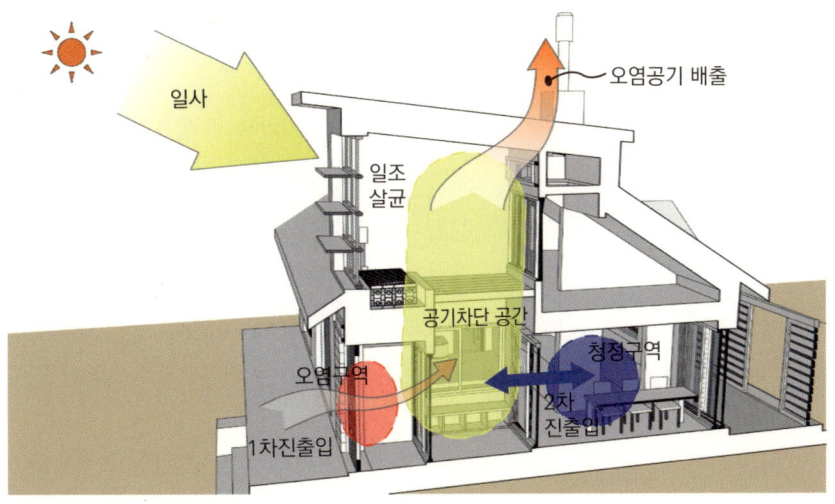

[그림 8-3] 건강성과 안전성

위한 것은 아니기에 보다 자세한 내용은 다른 글에서 다시 언급하기로 하고 여기서는 온실을 통한 식물정화기능을 할 수 있다는 내용만 이해하는 것으로 하자. 물론 미세먼지는 석탄의 사용에 따라 나타나는 작은 먼지 형태의 환경 부작용으로 미세먼지 방지 필터 등을 사용하는 것으로 즉각적인 효과를 볼 수 있다. 그러나 필터의 성능 저하 및 필터 교체시기 등에 잠시의 틈이 생길 수도 있다는 가정 하에 실내 온실을 통해서 지속적인 자연정화기능이 이루어지고 있다는 것은 커다란 위안감을 줄 수 있을 것이다. 여기에 식물을 통한 산소 공급도 덤으로 기대할 수 있다.

네 번째는 아트리움 공간의 내부 마감재 선택을 통해 공기의 청정도를 유지하는 방법이다. 흔히들 친환경 건축재료라고 말하며 비싼 인공자재를 공급하는 경우를 볼 수 있다. 그러나 친환경의 기본은 자연적인 것이다. 친환경주택이 비쌀 이유가 없다. 자연적인 것이 무엇인지 생각하고 적용하면 그것이 친환경 주택이 된다. 그런 차원에서 아트리움의 내부 마감재로 주변에서 흔히 볼 수 있는 흙을 추천한다. 흙은 여러 가지 특성을 갖고 있는데 그 중 대표적인 것이 다공질 물질 형상을 하고 있어 습도 조절에 탁월하다는 특징이 있다. 습도는 경우에 따라서 부패하여 공기를 오염시킬 수도 있을 뿐 아니라 신체가 느끼는 쾌적도에 영향을 끼쳐 에너지 낭비를 초래할 수도 있다. 이러한 습도를 흙이 자연적으로 조절해 준다. 굳이 흙벽돌을 쌓아서 흙집을 만들 필요는 없다. 약 2cm 정도의 흙미장 만으로도 흙집의 효과가 충분히 발휘되는 것이 흙의 특징이다. 자연에서 구할 수 있고, 그대로 자연으로 되돌아갈 수 있는 흙의 사용은 친환경주택에서 가장 먼저 추천하는 항목이다.

　이외에도 아트리움의 사용방법에 따라서 거주자의 건강에 긍정적인 효과를 주는 내용들이 있다. 그러나 그 내용들은 뒤에 전개될 글들을 통해서 추가로 이해하는 것으로 하겠다. 또한 뒤의 글들을 모두 읽게 되면 깨닫게 되는 중요한 메시지가 있다. 그 중 일부를 지금 먼저 전달하고자 한다. 친환경주택이란 단순히 지구환경을 위해서 에너지를 절약하는 주택이 아니다. 에너지 절약은 물론 거주자의 신체 및 정신적인 건강에도 매우 유익한 역할을 해야 한다. 그리고 더 중요한 것은 에너지 절약과 건강을 지키기 위해서 거주자가 주택에서 특정한 행동을 하는 동안에 환경의 원리를 깨닫게 되고, 그 원리를 몸에 익혀서 스스로 환경을 보호하고 개선하는 환경지킴이가 될 수 있어야 한다는 것이다. 지금의 지구환경 위기는 단순히 절약하는 것만으로는 해결될 수 없는 상황에 이르러 있다. 이 상황을 슬기롭게 극복하기 위해서는 인간 스스로 환경변화에 능동적으로 대응하는 사람이 되어 있어야 한다. 이 글을 통해서 제시하는 주택은 그렇게 될 수 있도록 도와주는 친환경주택이다. 가족들을 위한 소중한 주택을 만들 상황이라면 같은 예산과 같은 규모의 주택을 결정하는 과정에서 어느 것이 옳은 결정인지 현명한 판단이 있기를 기대해 본다.

9장 현관 아트리움의 대류식 자연환기기능

1년 365일 실내공기가 정체되지 않는다.

인간이 살아가는데 가장 소중한 것이지만 거의 그 가치를 인정받지 못해 왔던 것이라면 단연코 '공기'를 꼽을 수 있지 않을까 싶다. 이는 인간이 존재할 수 있었던 가장 근본적인 것이었기에 오히려 소중함을 깨닫지 못했다는 것은 어찌 보면 당연한 것이었을지 모른다. 그러나 지금은 상황이 달라졌다. 굳이 소중하다 주장하지 않아도 모두가 공기의 소중함을 깨달아 가고 있다. 아마도 시작은 미세먼지가 발생하면서 부터였을 것이다. 어쩌면 신축건물에서 문제가 되고 있는 아토피와 같은 피부질환이나 호흡곤란과 두통 같은 증상들을 보면서 느꼈을 것이고, 지금은 건축물 에너지를 절약하는 과정에서 공기의 소중함을 느껴가고 있다. 어느덧 우리는 자연의 청정한 공기를 찾아다녀야 하는 상황에 까지 와있다. 이러한 때에 주택을 만들어 감에 있어서 인공적으로라도 공기가 공급된다는 것은 소중한 것이지만 가능하면 자연적으로 공급되는 공기, 그것도 이왕이면 청정한 공기를 꾸준히 공급받을 수 있다면 좋을 것이다. 주택에서 공기공급의 기본조건을 자연환기방식에서 찾아보려 한다.

자연환기방식이란 당연히 환풍기와 같은 기계 동력설비에 의존하지 않고 자연적으로 공기의 흐름을 막힘없이 흐르게 만들어주는 것이다. 간단한 예로 주택의 경우에 창문을 열어 공기가 흘러가게 하면 된다. 그러나 현재의 기후재난 상태에서는 이것이 불가능해 졌다. 그 이유는 첫째 창문을 열어 놓으면 황사나 미세먼지와 같은 유해한 물질들이 들어올 수 있기에 자연환기가 오히려 건강에 더 해를 끼칠 가능성도 있다. 물론 미세먼지 필터망을 설치할 수 있지만 성능에 대해 충분히 확신할 수가 없고 또한 미세먼지 필터를 통해 창문의 시야가 심각하게 방해받는 불편함도 커질 수 있다. 둘째, 창문을 열어 자연환기 하는 동안에 실내의 냉난방 에너지가 외부로 빠져나가서 에너지 손실이 심해지는 문제가 있다. 더운 여름철이나 추운 겨울철에 에너지 손실을 감수하면서 창문을 열어 자연환기 한다는 것은 결코 쉬운 일이 아니다. 결국 청정공기 이전에 자연환기조차 할 수 없는 상황이다. 이러한 때에 '해와 바람의 친환경주택'은 아주 간단한 자연환기방식을 제안해 보려한다. 결과를 알고 보면 간단한 것이겠지만 여기에 적용된 환경원리는 매우 중요한 것이니 간단하다고 무시하지 말고 그 의미를 깊이 생각해 보면 좋을 것 같다. 물론 이 자체만으로는 모든 상황에 대한 완벽한 답이 될 수는 없겠지만 여기서 부족한 부분은 다음 글에서 좀 더 보완할 수 있는 방법을 제시하고 있다. 자연환기는 물론 현실적인 범위 내에서 가능한 한 청정한 공기로 공급하는 방식에 대해서 설명하려 한다.

  이해를 돕기 위해서 우선 간단히 요약해서 설명하고 그 다음은 세부적인 내용에 대해 구체적인 방법을 설명하겠다.

  아트리움을 중심으로 한 쪽에는 현관 외벽을 관통하여 외부공기가 아트리움으로 직접 급기될 수 있는 통기관을 설치한다. 그리고 아트리움과 실내공간을 구분하는 경계벽에도 통기관을 설치한다. 다만 이때는 경계벽에 설치된 창문이나 미닫이문을 열고 닫으며 사용할 수도 있다. 이 글에서는 통기관을 설치하는 것으로 설명한다. 다음은 아트리움 천정에 외부로 공기가 배출될 수 있도록 배기관을 설치한다. 이 배기관에는 외부 바람의 영향으로 아트리움 공기의 배기효과를 높일 수 있는 무동력 흡출기를 추가로 설치한다. 이렇게 3곳의 급배기 통기관이 설치된 상태에서 아트리움 내부 공기의 움직임을 환경원리적인 측면에서 생각해 보자.

기존 아트리움 내부에 있던 공기는 아트리움 고창을 통해서 들어오는 햇빛이나 실내에서 일부 전달되는 열에너지 등의 효과로 더워져서 대류현상에 의해 위로 상승하게 된다. 상승한 더운 공기는 아트리움 상부에 모이게 되고, 천정 배기관을 통해 서서히 외부로 배출될 수 있다. 다만 배기관의 크기가 크지 않다면 빠른 속도로 배기되지는 않을 것이다. 이때 배기관 외부에 설치된 무동력 흡출기가 외부 바람의 영향으로 배기효과를 높이면 아트리움 천정에 모인 더운 공기들은 좀 더 빠르게 배출될 수 있다. 그 결과 아트리움 내부는 공기가 부족한 상태가 되고 현관 외벽에 설치된 통기관과 실내 경계벽에 설치된 통기관을 통해서 외부공기나 실내공기가 빨려 들어와 아트리움 내부를 채우게 된다. 결국 외부공기는 아트리움으로 급기되는 것이고, 실내공기는 아트리움으로 배기되는 결과가 된다. 이런 공기의 작용이 꾸준히 일어나게 된다. 그러다 외부에서 바람의 흐름이 약해지거나 멈추게 되면 천정 배기관의 무동력 흡출기 작동이 멈추게 되고 아트리움 내부 공기의 배출은 약해지거나 멈추게 된다. 이렇게 되면 아트리움 내부의 공기는 실내 경계벽의 통기관을 통해서 오히려 실내로 유입될 수도 있다. 일방향성이 아니라 실내공기와 아트리움의 공기가 거의 평행상태에서 섞이게 되는 것이다. 이 경우는 아트리움의 공기가 실내로 급기되는 결과가 될 수도 있다. 이러다 다시 외부에 바람이 불면 앞서 설명한 현상들이 일어나게 된다. 또한 햇빛을 통한 살균작용이나 식물정화작용, 습도조절의 효과들도 함께 이루어진다. 이러한 현상은 1년 365일 동안 꾸준히 조금씩 미세하게 발생하며 실내공기가 정체되지 않게 도와준다. 이것이 평상시의 기본적인 자연환기 방식이 된다.

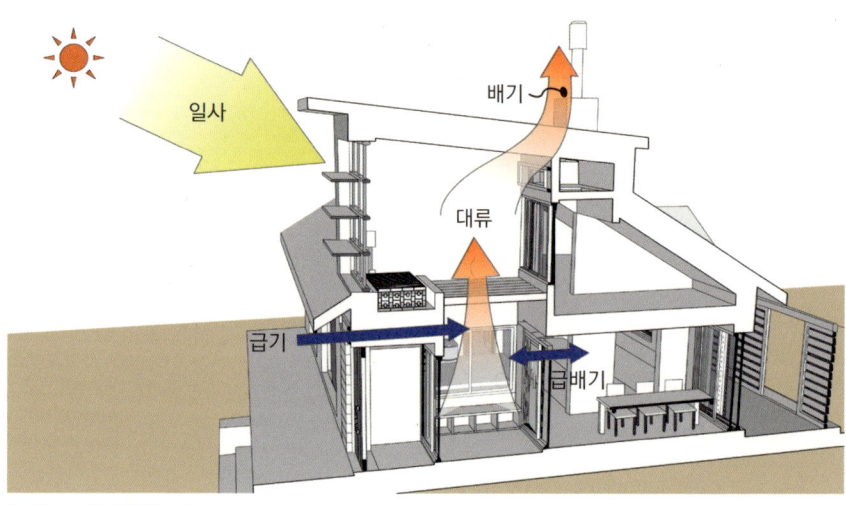

[그림 9-1] 자연환기방식

그림 다음은 현관 외벽과 실내 경계벽에 설치된 통기관과 천정 배기관의 구성 및 작동방법에 대해서 좀 더 자세히 살펴보도록 하자. 먼저 현관 외벽 통기관의 입구 위치는 현관문 위에 설치되며 통기관은 실내현관의 천정 상부 속을 관통하여 아트리움으로 연결된다. 또한 통기관 입구는 이물질의 유입을 막을 수 있으며 공기가 쉽게 통과할 수 있는 정도의 미세먼지 필터나 방충망을 설치하고 개폐가 가능한 외부덮개를 설치한다. 이때 외부덮개는 성인이 발뒤꿈치를 들어서 손으로 작동할 수 있는 정도의 위치와 형상으로 제작한다. 미닫이 방식이면 좋을 것 같다. 그리고 아트리움에 연결된 통기관의 끝부분은 방충망 정도를 설치해 두면 된다. 한편 실내 경계벽에 설치된 통기관은 선택적으로 개폐가 가능한 자유로운 형상의 통기관이면 된다. 굳이 이미 설치되어 있는 창문이나 미닫이문을 이용하지 않는 것은 각각이 지니고 있는 문으로써의 기능에 방해가 되지 않으려는 뜻이다. 물론 방충망이 설치되어 있으면 더욱 좋다. 그리고 마지막 천정에 설치되는 통기관은 크게 다음의 3가지 구성으로 설치하면 적정할 것 같다. 하나는 천정통기관의 입구는 천정과 아트리움의 수직벽체가 만나는 일정한 곳에 개폐덮개를 포함하여 설치하며 개폐덮개 좌우 양쪽 끝에는 당김줄을 달아 아트리움 1층이나 다락에서도 쉽게 당김줄을 당겨서 덮개를 열고 닫게 한다. 이는 미닫이 방식으로 쉽게 제작할 수 있을 것 같다. 물론 이때도 천정통기관 입구에 방충망을 설치함이 좋다. 두 번째는 천정통기관 입구와 외부로 돌출되는 배기관 사이에 조그마한 배기용 전실을 구성한다. 이는 반드시 필요한 것은 아니지만 외부와 연결되는 부분인 만큼 추후에 발생할 수도 있는 부분적인 개보수나 청소 또는 외부 열전달의 차단 등을 목적으로 하고 있다. 이 전실의 위치는 천정 통기관의 입구이면서 다락이나 다락 근처에 형성되는 것이 추후 관리를 위해 유리하다. 그리고 마지막으로 외부에 돌출되는 배기용 통기관으로 배기관 외부 끝에는 무동력흡출기를 설치한다. 이렇게 총 3곳의 통기관이 설치된 상태에서 공기흐름의 원리를 생각하며 어느 곳은 열고 어느 곳은 닫는 등의 거주자에 의한 작동으로 자연환기가 이루어 질 것이고 동시에 환경의 원리를 배워가게 된다.

혹시 여행을 다녀오듯이 장기간 집을 비웠다 돌아온 경우를 생각해 보자. 집에 돌아 왔을 때 제일 먼저 하는 행동이 무엇인가? 아마도 모든 창문을 활짝 열어서 실내공기를 환기하는 것이 아닐까 생각한다. 장기간 실내공기의 흐름이 멈춰 있었던 관계로 칙칙한 냄새가 나는 것을 경험해 봤을 것이다. 그렇다고 창문을 열어 둔 상태에서 집을 비울 수도 없는 일이다. 그런 집에 현관 아트리움이 도입되어 자연환기가 이루어진다면 문제해결에 도움이 되지 않을까? 완벽한 공기순환 여부는 외부환경 조건에 따라 달라지겠지만 최소한 공기가 부패하는 것은 방지할 수 있을 것이다. 통기관의 형태상 도난방범의 문제도 전혀 없다.

여기서 잠시 자연환기를 보다 원활하게하기 위한 공기의 공급문제에 있어서 한 가지 문제를 추가로 더 조심스럽게 다루어보려 한다. 실내공간의 기밀성 확보를 위한 밀폐구조에 대해서 생각해 보려한다. 주택에서의 에너지절약을 위해 틈새바람을 없애는 기밀성 확보는 매우 중요하다. 그래서 수도꼭지에 고무패킹을 대듯이 꽁꽁 틀어막는다. 최대한 막아서 차단하는 것이 기밀성 확보의 방법이다. 그러나 이러한 지나친 노력은 오히려 조그마한 기밀성 확보 실패로도 그곳에 집중된 열교현상으로 곰팡이 발생들의 문제를 일으킬 수 있다. 꼭 이래야 하는 것일까 궁금증이 생긴다. 모든 건축자재는 서로 다른 자재들이 만나는 접합부에서 틈새바람이 생기게 되어 있다. 철저한 시공으로 부실한 틈새바람은 막는 것이 맞겠지만 각 건축자재별 특성에 따른 자연스러운 틈새바람 현상을 지나치게 인위적으로 막는 것에는 문제가 없을지 생각해 봤으면 좋겠다. 조금이라도 틈새바람이 생기면 절대 안되는 것일까? 방법이 있지 않은가. 아트리움을 통한 자연환기방식은 틈새바람이 아트리움으로 모이게 공기를 빨아들인다. 아트리움은 어차피 실내공간이다. 궁극적으로는 외부로 배출되겠지만 그 과정에서 천천히 실내공기와 섞여가면서 배출되는 방식이다. 지나친 인위적 밀폐구조를 추구하기 보다는 좀 더 자연스러운 현상을 발전시키는 것이 좋겠다는 생각이다.

이번에는 조금 다른 모습의 자연환기방식을 살펴보도록 하자. 아트리움과 실내 다목적실 그리고 뒷마당 테라스 사이의 문들을 열어 개방한다. 이런 상태에서 아트리움에서는 대류현상에 의해 내부공기가 상승하여 외부로 배출된다. 그러면 공기배출로 부족해진 공기만큼 실내 다목적실의 공기가 빨려 오고, 다목적실에는 외부 뒷마당 테라스 공간에 있는 공기들이 유입되어 들어온다. 예상이 되겠지만 뒷마당 쪽의 공기는 그늘진 곳에서의 공기인 만큼 공기온도가 낮을 수 있다. 결국 실내공간인 다목적실에는 시원한 바람이 불어 냉방부하를 줄이는 결과가 나타난다. 이러한 현상은 환경원리에 따라 지속적으로 나타날 수 있다.

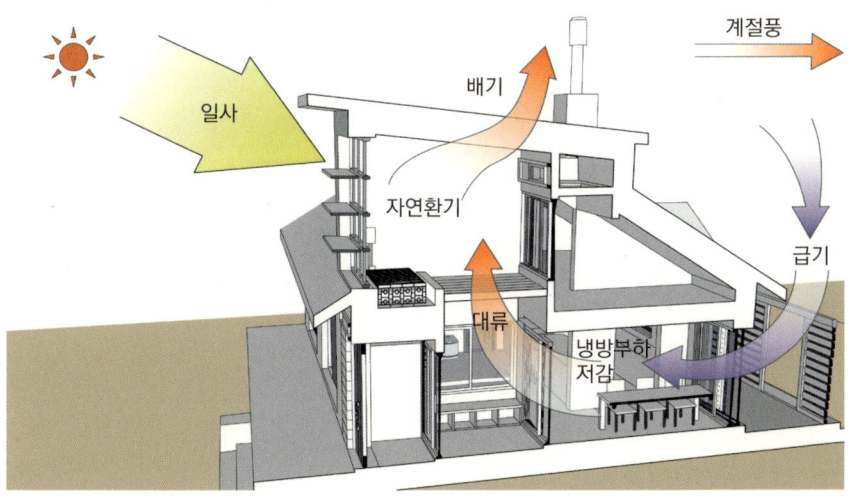

[그림 9-2] 냉방부하저감 자연환기방식

이러한 모습을 어디서 본 듯하지 않은가? 바로 우리 전통한옥의 대청마루에서 일어나는 현상이다. 마당에서의 공기가 대류현상으로 상승하면 그만큼 뒷마당에서 시원한 공기가 불어와 대청마루에서의 냉방부하를 저감시키는 것이다. 한옥이 최고의 친환경주택 으로 인정받는 이유는 바로 이러한 자연적인 현상을 담고 있는 주택이기 때문이다. '해와 바람의 친환경주택'은 바로 이 한옥의 정신을 이어가고자 시도된 주택이다. 여기서는 아트리움이 한옥의 마당이 되고, 실내 다목적실이 대청마루가 된다. 모양은 다르겠지만 공간적인 역할도 비슷하다. 자연환경원리를 이해하고 적용할 수 있다면 아트리움을 통한 자연환기는 물론 지금 설명한 것과 같은 다양한 에너지절약의 효과도 얻어 낼 수 있다.

이번 글을 정리하며 꼭 전하고 싶은 말이 있다. 우리 주변의 환경은 우리가 함께 참여하여 만들어 가야 한다는 것이다. 인공적으로 쾌적하게 만들어진 공간에서 수동적으로 결과만을 얻어가는 방식은 결코 환경과의 공존에서 성공할 수 없다. 환경을 이해하고 환경과 공존하려는 노력이 있을 때 지금의 환경재난 상태는 완화될 수 있을 것이며, 그러한 행위에 참여하는 사람들은 더욱 건강하고 강한 생존력을 얻어가게 될 것이다. 지구환경재난시대에 인공적으로 주어진 환경에서만 살아가는 사람과 강한 생존력으로 환경의 원리를 적용해 가는 사람 중 누가 살아남을까? 지금은 생존의 시대이다.

10장 현관 아트리움의 에너지절약형 환기기능

우리는 클린룸(clean room) 기계실에 사는 것이 아니다.

주택을 설계하려면 먼저 거주자인 인간의 생활과 관련된 기능들을 검토하고 그 기능들의 관계성과 환경원리 등을 고려하여 물리적인 형상과 정신적인 가치가 담긴 생활공간을 결정해 간다. 그런 다음 공간의 성능을 기대하는 만큼 실현시키기 위해서 전기나 기계 또는 환경분야 등에 대한 엔지니어링 분야의 도움을 받게 된다. 이러한 행위는 순서대로 이루어질 수 있고 때로는 동시에 벌어질 수도 있다 그러나 엄밀히 말하자면 인간을 고려한 공간구성이 먼저고 그 다음 관련된 엔지니어링의 지원이 이루어지는 것이 맞다. 주택은 인간의 생활공간을 만드는 일이지 기계나 전기의 엔지니어링 결과물을 만드는 것이 아니기 때문이다. 즉, 건축과 주택의 기본은 인간에 대한 이해이다.

그런데도 친환경주택을 이야기하는 과정에서 종종 엔지니어링 데이터를 먼저 언급하는 경우가 있다. 이는 에너지 소비량이 어떻게 될지 미리 데이터로 예측해 보고 그에 맞는 공간과 형태를 만들자는 뜻인 것 같다. 여전히 건축의 기본은 인간에 대한 이해이지만 에너지데이터를 먼저 고려하는 것은 기후위기 시대에 선택할 수 있는 방법 중의 하나일 수는 있겠다고 생각은 한다. 어쩌면 이러한 접근방법은 열회수 환기장치라는 급배기용 동력장치가 달려 있는 기계장치의 사용과 함께 보다 적극적으로 나타난 현상이 아닐까 생각한다. 그래서 본론에 들어가기 전에 열회수 환기장치의 장단점에 대해서 간단하게 생각해 보고 배울 점이 무엇인지 찾아보려 한다.

건축은 불리한 조건을 대비해서 만들어야 하는 만큼 환경적으로 극한상황에 처할 수 있는 겨울철을 예로 생각해 보겠다. 열회수 환기장치는 외부와 내부공간이 만나는 경계점에 설치한다. 그러다 보니 서로 다른 공간에 대한 온도 차이를 열회수 환기장치가 감당하고 해결해 주어야 한다. 국가별 환경조건이 다를 수는 있지만 일단 실내공기는 습도를 포함한 영상의 기온이고, 실외공기는 건조한 영하 기온이라 생각해 보자. 이때 환기장치의 가장 큰 장점으로는 환기는 물론이고 실내공기와 외부공기를 환기장치 내에서 교차시키며 일부 열을 다시 회수하여 에너지 낭비를 줄인다는 기능이다. 또 다른 장점은 환기장치의 용량별 성능이 생산단계에서부터 정해져 있기에 기계장치를 작동하면서 나타나는 결과를 일정부분 미리 데이터로 예측할 수 있다는 기능이다. 이 2가지 장점 중 두 번째인 데이터 예측 기능은 앞서 인간 중심의 공간을 만드는데 있어 우선시 되는 것에 대해 다소 조심스러울 수도 있다는 의견을 언급한 적이 있기에 생략하고, 첫 번째 장점인 열회수 과정을 통해서 에너지를 절약할 수 있다는 기능은 계속 발전시켜 나가야 하는 소중한 가치라고 생각한다. 한편 단점에 대해서 살펴보면 실외의 차가운 공기와 실내의 더운 공기가 서로 열교환을 하는 과정에서 실내공기 중에 포함되어 있는 습기가 얼고 녹는 현상들이 발생하며 환기장치의 고장을 초래하거나 또는 공기의 부패가 발생할 수도 있다. 또 다른 단점은 열회수 환기장치를 통해서 실내로 공급되는 공기가 오염되지 않은 청정 공기인지에 대한 확신을 갖기가 어렵다. 실내로 공급되는 공기를 검증할 중간과정이 없다는 점이다.

물론 장치의 기능을 계속 향상시키며 단점을 보완해 갈 수 있겠지만 이럴수록 기계의존도는 높아지고 자연과의 교류는 줄어들게 된다.

그럼 기계식 열회수 환기장치의 장점을 모으고 단점을 보완한 보다 좋은 열회수 환기장치를 운영할 수 있는 방법이 없을지 생각해 보려 한다. 이때 기대하는 것은 현관 아트리움이 그 역할의 중심이 되면 좋겠다는 생각이다. 본격적으로 설명하기 전에 이번에도 처음에는 간단히 요약해서 설명하고 그 다음은 세부적인 내용에 대해 구체적으로 설명하겠다.

일단 신발장이 설치되는 1층 높이의 현관과 2층 높이의 아트리움이 현관 중문을 경계로 붙어있고, 현관의 외벽 상부에 아트리움 고창이 설치되어 있기에 현관의 상부 천정 슬라브는 아트리움의 실내측 중간 높이쯤에 위치하게 된다. 이 현관 슬라브 위에 적정기술로 만들어 지는 축열체형 열회수환기장치를 설치한다. 이것에 대해서는 잠시후 자세히 설명하겠지만 간단한 소개만 먼저 하면 공장제조품과 같은 기계장치가 아니라 건축공사의 일부분으로 만들어지는 건축설비부분에 해당하는 내용이다. 또한 축열체형 열회수환기장치는 앞서 '현관 아트리움의 대류형 자연환기'에서 설명한 현관 위와 실내 경계벽 및 천정 배기용 통기관은 모두 닫은 상태에서 작동을 시작한다.

먼저 환기하고자 하는 실내공기는 이 축열체형 열회수환기장치를 통과하여 외부로 배출된다. 동시에 외부의 신선한 공기도 이 열회수환기장치를 거치고 여기서 실내 공기와 교차하며 일정부분 열에너지를 회수한다. 이때 열교환을 거친 외부공기는 거실 등의 내부공간으로 들어가는 것이 아니라 아트리움으로 먼저 들어간다. 그리고 이 공기는 외부에서 아트리움으로 유입되는 햇볕을 받으며 2차로 가열되고 살균작용도 이루어진다. 외부 햇볕은 여름철인 경우 고창 밖에 설치되는 수평 창문루버를 통해 일정부분 차단되기도 한다. 또한 외부에서 유입된 공기는 식물정화작용과 천연성분의 건축자재를 통해서 습도조절도 한다. 이렇게 외부공기가 가열, 가습, 청정해 진 상태에서 아트리움에 쌓여 간다. 그러다 거주자가 내부공간 환기가 필요하다고 생각하면 아트리움 경계벽에 설치되어 있는 창문이나 출입용 미닫이문을 열어서 실내로 아트리움의 공기를 유입시킨다. 거실 외벽의 창문을 열어서 외부공기를 직접 실내로 유입시키는 것이 아니라 아트리움 경계벽에 있는 창문을 열어서 환기하는 방식이다. 거실소파에 앉아서 환기장치의 리모컨을 누르면 모든 것이 자동으로 환기되는 방식이 아니다. 1차로 아트리움 안에 청정한 공기를 채워야 하고, 그것을 다시 실내로 끌어들이기 위해서 창문을 열어야 한다. 사실 굉장히 간단한 일이고 전혀 어려운 일도 아니다. 하지만 리모컨을 누르는

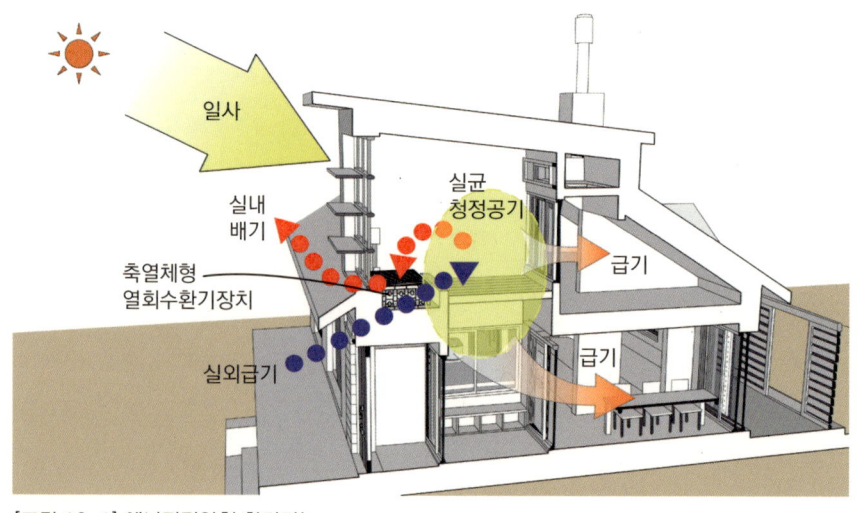

[그림 10-1] 에너지절약형 환기기능

것보다는 조금 더 귀찮다. 어렵지는 않지만 조금은 귀찮게 하려는 의도가 있다. 환기하는 과정에서 공기가 청정해져가는 원리를 자연스럽게 알아갈 수 있기 때문이다. 또한 미세먼지가 많은 날이나 너무 덥고 추운 날에 외부창문을 열어 환기해야 하는지를 결정할 수 없는 안타까움은 사라지게 된다. 아트리움 내의 공기는 안전하고 건강한 공기가 되어 있다는 것을 알고 있기 때문이다. 한편 실내공기와 섞이며 일정부분 청정도가 중립화 되는 것도 생각하게 된다. 우리는 클린룸에 사는 것이 아니라 일상생활 속에 살기 때문이다. 이것이 환경을 이해해 가는 인간 참여형 친환경주택의 구성 방법이다.

그럼 축열체형 열회수 환기장치가 어떻게 구성되는지 살펴보겠다. 먼저 아트리움 외벽 고창 안쪽이며 현관 천정 슬라브 위에 설치되는 관계로 외부에서 유입되는 햇볕을 받게 된다. 이 햇볕을 축열하여 오랜 시간 이용할 수 있고 기타 유익한 효과를 기대할 수 있으며 값싸게 구입할 수 있는 벽돌 등의 건축자재로 열회수 환기장치를 만든다. 벽돌인 경우는 불에 구은 재료지만 흙과 같이 공기층을 많이 포함하는 다공질물질로 습도조절 등에 좋은 효과를 기대할 수 있다. 이 벽돌을 현관 천정 슬라브 바닥에 매트형식으로 깔아서 바탕을 만든 후, 그 위에 현관의 가로폭 내에서 길게 쌓아 벽을 만든다. 벽의 높이는 환기장치의 효율을 기대하는 것에 따라 달라지겠지만 이해를 쉽게 하기 위해서 임의로 약 30cm 정도를 생각해 보겠다. 일단 벽을 쌓으면 약 10cm정도를 띄워서 다시 벽을 쌓는다. 즉 벽과 벽 사이에 10cm정도 떨어진 공간이 생기게 된다. 이렇게 반복해서 벽을 쌓으면 현관의 천정 슬라브 세로폭 내에서 약 4~6개 정도의 벽돌벽에 둘러쌓인 공간이 만들어진다. 물론 이는 현관의 크기에 따라 달라질 것이다. 또한 벽돌벽의 끝부분이 개방되어 있는 것도 벽을 쌓아서 막는다. 그리고 마지막으로 벽돌을 이용해서 덮개를 만들어

덮는다. 간단하게 형상을 예측하면 내부에 여러 개의 중간벽이 있는 직6면체 벽돌상자가 된다. 높이는 바탕매트와 덮개를 포함해서 약 50~60cm가 될 수 있다. 이것이 축열체 부분이다.

다음은 축열체의 한쪽에 외부공기를 끌어들이기 위해 단열처리가 되어 있는 급기관을 연결한다. 이 급기관의 외부 측에는 (초)미세먼지를 제거할 수 있는 필터가 장착되고 축열체 내부로 외부공기를 보내기 위한 동력팬을 설치한다. 동력팬을 작동하여 외부공기를 축열체 내부로 끌어들이면 축열체 내부의 첫 번째 공간을 지나고 다음공간을 지나며 축열체와 열교환을 하고 최종적으로 아트리움으로 공기가 흘러들어 가게 된다. 물론 하나의 벽돌벽 사이 공간에서 다음 공간으로 공기가 이동할 수 있도록 중간 격벽들의 일부가 개방되어 있어야 하고, 최종적으로는 아트리움으로 개방된 배기구가 형성되어야 한다.

이상은 축열체와 외부공기 급기와의 관계였었고 다음은 실내공기의 배기에 대해서 설명하겠다. 배기는 내외부 공기가 섞이지 않으면서도 열교환 작용이 잘 일어날 수 있도록 열전도율이 높은 금속 등의 소재로 구성되며 단면이 가능한 원형이고 지름이 약 10cm이하가 되는 배기관을 이용한다. 가능하면 습도에 의해 부식되지 않는 재료가 좋다. 이 배기관을 벽돌벽 사이에 길게 설치한다. 역시 하나의 벽 사이공간에서 다른 벽 사이 공간으로 배기관을 이어가기 위해서 벽의 일부가 개방되어 있어야 한다. 또한 벽의 높이를 약 30cm로 가정한 것은 배기관이 2단으로 구성되었을 때를 예로 든 것이다. 그리고 이 배기관의 한 쪽 끝은 실내에 설치하여 실내공기를 끌어들이고, 다른 한쪽은 외부공간과 만나서 실내공기를 내보낸다. 이 역시 긴 배기관 속의 공기를 내보내기 위해서 배기용 동력장치를 배기관 한 곳에 설치한다. 이때 신경 써야 하는 것은 배기되는 오염된 실내공기는 축열체 벽 사이에 흐르는 외부공기와 섞이지 않고 오로지 배기관을 통해서 외부로 배출된다. 실내공기에 습기가 포함되어 있어도 배기관의 단면 크기 상 습기가 얼어서 막히는 고장은 거의 상상할 수 없다.

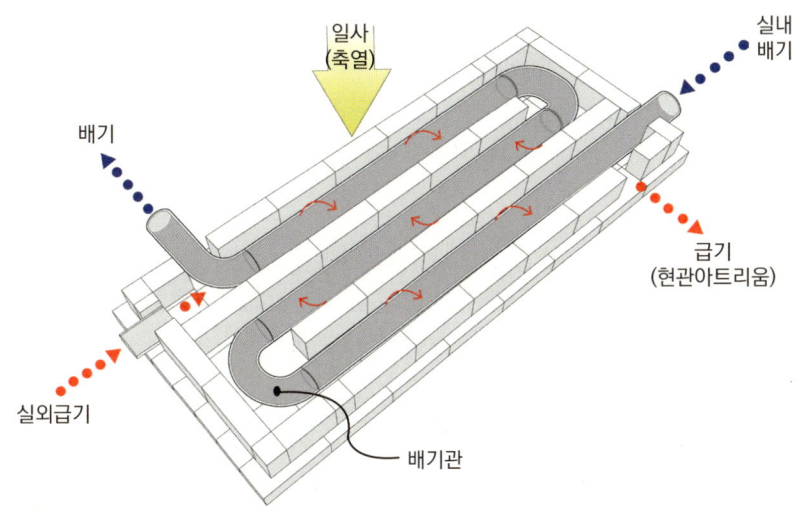

[그림 10-2] 축열체형 열회수 환기장치

 이상의 준비과정을 마쳤으면 이제 작동 스위치를 돌려보자. 외부공기는 축열체 속을 통과하며 아트리움으로 공기가 들어간다. 이때 공기가 축열체와 부딪히면서 축열체의 열을 일부 흡수한다. 또한 외부공기는 배기관의 외부면과 부딪히면서 배기관 속 실내공기의 열에너지도 흡수하게 된다. 이것이 열의 회수를 효과적으로 하기 위해서 배기관의 재질을 열전도율이 높은 것으로 권장한 이유이다. 축열체의 열이나 배기관의 열회수는 축열체형 열회수환기장치의 내부 공간 길이를 길게 하면 할수록 접촉면이 많아져서 효과가 높을 것이다. 또한 아트리움 내에서 추가적인 가열도 이루어진다.

물론 현실적인 공간규모의 제약이 있고 동력장치의 효율 등을 생각했을 때 적정 규모로 설치하게 될 것이다. 다만 이 말을 하는 이유는 거주자의 선택에 따라 일정범위 내에서는 현장 여건에 따라 성능을 조정하여 설치할 수 있다는 뜻이다. 공장에서 이미 정해진 기계효율을 따르는 것이 아니라 주택의 규모나 부자재의 성능과 거주자의 선택 등으로 건축행위 과정에서 직접 조절해 갈 수 있는 선택권이 주어지기를 희망하고 있다. 유지관리도 쉽다. 제작비용도 기계장치에 비교하여 훨씬 저렴할 것으로 예상한다.

물론 이런 열회수 환기장치에서 에너지 데이터를 구할 수도 있다. 각 부품들의 성능과 시뮬레이션을 통해서 또는 최종 완성된 결과물을 통해서 데이터를 얻을 수 있다. 그렇지만 기본적인 환경원리 적용만으로도 적정한 환경을 제공할 수 있다면 굳이 데이터를 확보해서 그 데이터에 따른 주택을 만들어야 하는지 의문이다. 최소한 단독주택에서는 말이다. 차라리 거주자가 직접 조절하며 자신의 환경을 만들어 갈 수 있도록 방법을 알려 주는 것이 더 좋지 않을까? 그럼에도 불구하고 누군가 데이터를 꼭 만들겠다면 그 또한 좋은 일이다.

아트리움을 이용한 열회수 환기장치가 앞서 살펴본 기계식 장치의 장점을 취하며 단점을 보완하는 역할을 할 수 있다고 기대한다. 거기에 더하여 혹시 축열체형 열회수환기장치의 급기와 배기 작동을 하나씩만 한다면 어떨까? 대류식 자연환기에서 살펴본 각각의 통기관들과 결합하여 작동하면 어떨지 궁금하다. 공기 흐름의 원리를 이해한다면 다양한 생활환경을 스스로 만들어 갈 수 있다.

11장 현관 아트리움의 실내정원 및 추가기능

인간의 상상력을 실천할 수 있게 도와주는 집

　현관문을 열고 안으로 들어서면 현관 중문 앞으로 아트리움 천정에서 늘어져 내려오는 덩굴식물들이 마치 정글 숲을 연상시키게 형성되어 있다. 덩굴식물 사이로는 위에서 빛이 내려와 1층 아트리움 벽들에 비쳐서 환한 물결모양을 이룬다. 중문을 열고 아트리움으로 들어가 천정을 자세히 살펴보니 덩굴식물들은 아트리움 천정이 아닌 중간 높이 즈음에 식물거치대로 설치된 수평 프레임들에 걸쳐서 자라고 있는 것들이다. 그 식물거치대 사이로 아트리움 상부공간을 바라보면 1층에서 본 덩굴식물 숲은 작은 시작에 불과하다는 것을 느낄 수 있다. 아트리움 상부공간의 벽들은 벽면녹화로 다양한 식물들이 자라고 있으며, 식물 거치대인 수평프레임 중간 중간에는 몇 개의 화분과 또 다른 식물거치대들을 세로로 쌓아 올려 그 사이사이에서 식물들이 자라고 있다. 꽃이 핀 것도 있고 어느 곳은 잎이 떨어져 낙엽이 쌓인 곳도 있다. 애초에 아트리움 벽면은 황토미장을 하였기에 흙냄새가 나는 공간이다. 이 냄새에 풀냄새와 꽃향기가 더해지니 마치 숲속에 와 있는 것만 같다. 지긋하게 눈을 감고 흙냄새와 풀냄새를 맡아본다. 이러한 모습들은 상상 속의 글이 아니라 현관 아트리움에 실내정원을 가꾸었을 때 기대할 수 있는 장면들이다.

이것은 또한 실내측에서 아트리움을 바라보았을 때도 비슷한 분위기를 느낄 수 있다. 거실이나 식당과 주방 또는 다목적실을 구성하는 벽체나 가구 등은 인위적인 분위기가 있기에 다소 경직된 느낌이다. 이런 때에 아트리움을 바라보며 살아있는 생명체를 느낄 수 있다는 것은 주거공간을 보다 신선하고 생동감 있게 만들 수 있는 것이 분명하다. 이 실내정원은 다락에서 보다 본격적으로 느낄 수 있다.

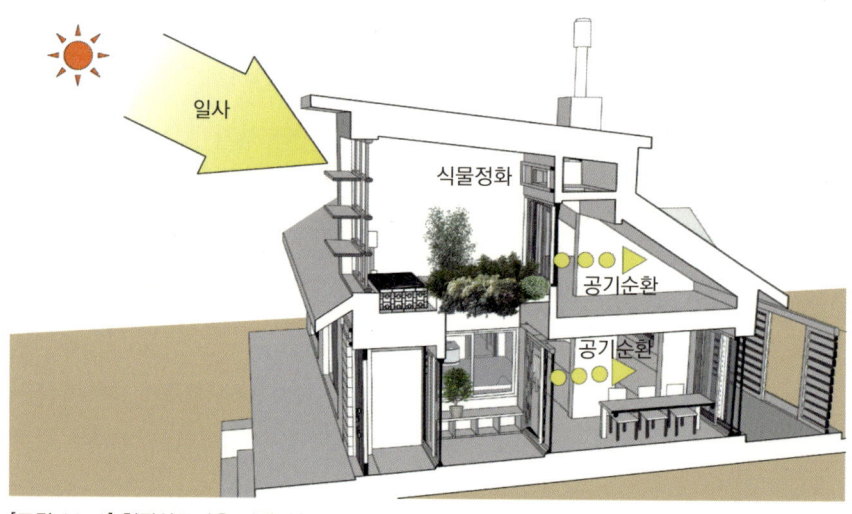

[그림 11-1] 현관아트리움 실내정원

다락에서 아트리움을 바라보는 모습을 상상해 보자. 아트리움 1층 공간에서 덩굴식물들이 늘어져 걸려있던 천정은 다락에서는 바닥이 된다. 다만 이 바닥은 아트리움의 하부공간과 상부공간의 원활한 공기 순환을 위해서 충분히 개방된 형태를 취하고 있어야 한다. 바닥을 구성하는 선형 수평프레임을 그 폭의 배 이상 띄어서 반복적으로 여러 개 설치하여 대류되는 공기의 순환을 원활하게 한다. 이 수평 프레임을 통해서 다락에서의 추락방지에 도움이 되는 것은 물론 아트리움을 상하부공간으로 나눌 수도 있고, 식물거치대를 설치하여 식물을 놓을 수도 있으며 캣츠워크(Cats walk)라는 고양이 발걸음으로 아트리움 외부창문이나 축열체형 열회수환기장치에 다가갈 수도 있게 한다. 이 수평프레임에 덩굴식물들이 걸쳐서 아래로 늘어지며 자라고 있다. 덩굴식물들이 퍼져있는 면적에 따라 풀밭을 연상할 수도 있을 것이다. 좌우측의 아트리움 벽에는 수직 벽면녹화가 이루어져 천정까지 푸르름이 가득하다. 수평 프레임 바닥 위 곳곳에는 마치 섬처럼 몇 개의 꽃 화분이나 식물설치대를 마련하여 독립된 식물조형물을 만들 수도 있다. 벽돌로 구성된 축열체형 열회수 환기장치 위에도 작고 예쁜 꽃화분을 놓아 둘 수 있다.

　물론 이렇게 현관 아트리움을 실내정원으로 가꾸기 위해서는 아트리움의 공간,환경적인 특징을 이해하고 있어야 한다. 아트리움은 일단 더위가 심한 여름철에는 햇볕의 유입을 차단하는 구조로 되어있다. 아트리움 고창의 외부 수평 프레임이 처마역할을 하여 강한 햇볕을 차단하기 때문이다. 대신 겨울철에는 태양의 남중고도가 낮아 아트리움 깊숙이 햇볕이 들어 올 수 있다. 그리고 그 중간 계절에는 태양의 고도에 따라 일부 햇볕이 유입될 수 있다. 특히 하부공간은 아트리움 중간에 설치된 수평 프레임들과 덩굴식물들로 인해서 많은 빛이 들지 않을 수도 있다. 이러한 환경조건을 감안한 실내정원 가꾸기가 이루어져야 한다. 물론 아트리움 1층 공간에도 실내정원으로써의 역할을 기대할 수 있다. 겨울철 추위를 피해서 바깥에 있는 화분을 옮겨 아트리움의 벤치에 놓는다면 정원의 역할은 물론 식물이 추위에 얼지 않게 하는 훌륭한 피난처가 될 것이기 때문이다. 아트리움의 크기가 조금 여유로운 경우라면 식물성장등인 조명을 함께 설치하여 1층 벽면녹화를 시도해 볼 수도 있을 것이다.

이렇듯 현관 아트리움을 통해서 실내정원을 꾸미려는 노력은 그만큼 식물이 주는 유익한 효과가 크기 때문이다. 자세한 것은 각자가 자료를 찾는 것이 더 바람직하겠지만 큰 틀에서 중요한 효과 몇 가지만 여기서 언급해 보는 것으로 하겠다.

　첫째, 실내 공기질 개선의 측면에서 휘발성 유기화합물이나 미세먼지 등의 제거 효과를 기대할 수 있다. 물론 실내정원의 규모에 따라 그 정도의 차이는 있겠지만 긍정적 효과가 있는 것은 분명하다. 또한 식물에서 방출되는 음이온이나 향 등으로 실내 환경이 개선될 수도 있다. 특히 식물의 증산작용으로 습도조절의 효과를 기대할 수 있는 것과 함께 소음을 경감시켜 차분한 분위기를 만드는 등 다양한 긍정적 효과를 기대할 수 있다. 두 번째로 당연히 언급할 수 있는 효과가 바로 장식적인 부분이다. 초록색이라는 색감이 주는 시각적 효과는 인간에게 휴식과 위안이라는 치료의 효과까지 제공해 준다. 또한 각종 식물의 색채미와 구성미 등에서 자연이 주는 장식적 효과를 누릴 수 있다는 것이 실내정원을 가꾸는 가장 큰 이유가 아닐까 생각한다. 식물 고유의 냄새가 나기도 하고 아름다운 꽃향기를 맡으면서 건전한 정신건강을 유지할 수 있다는 것은 실내정원을 가꾸고 있는 집에서만 경험할 수 있는 대단한 행복이 될 것이다. 반려동물처럼 인간과의 또 다른 교감대상으로 반려식물을 키우는 사람들이 많다는 것은 그만큼 식물이 우리에게 주는 효과가 크다는 것을 말하고 있는 것이 아닐까.

　이러한 실내정원의 분위기를 좀 더 고조시키기 위해서 현관 아트리움의 1층 바닥에 대해서도 살펴보려 한다. 현관 아트리움은 앞서서도 말했지만 인위적인 냉난방을 하지 않고 단열된 벽과 바닥 그리고 외부에서 유입되는 햇볕을 이용해서 환경을 유지하는 공간이다. 내부공간인 것은 맞지만 거실과 같은 곳과는 차이가 있어 일정부분은 외부환경과 같은 분위기를 연출할 수도 있다. 그렇기에 아트리움의 바닥을 내부공간과 똑같이 할 필요도 없다. 너무 직설적으로 외부 같은 바닥을 할 필요도 없지만 내부와도 다른 느낌이면 좋을 것 같다. 그래서 약간 거친 느낌이 전달되게 하면 어떨까 생각한다. 약간 울퉁불퉁한 재질로 구성된다면 발에 대한 지압의 효과도 기대할 수 있기 때문이다. 가장 쉽게는 목재 마루로 시공하고 그 위에 지압바닥을 추가할 수도 있다. 이러한 간단한 구성을 통해서 현관아트리움을 드나들 때마다 바닥지압의 효과를 볼 수 있다. 때로는 실내에서 답답하여 작은 자극이라도 필요할 경우에는 아트리움에서 거닐 수도 있다. 머리 위로는 싱그러운 식물의 향이 있고 바닥에서는 작은 지압의 효과가 있다면 아트리움 안에 있다는 것만으로도 건강해지는 느낌이 들 것이다. 이러한 다양한 구성은 이것이 가능한 공간이 준비되어 있기 때문이다. 현관 밖에서 할 수 없고, 거실과 같은 실내공간에서도 할 수 없다. 전이공간인 아트리움이 제공되어 있다는 것만으로도 다양한 생활환경을 거주자가 스스로 만들어 갈 수 있게 된다.

  이상 간단하게 실내정원이 가꾸어졌을 때의 분위기를 생각해 보았다. 그럼 마지막으로 지금까지 설명한 현관 아트리움의 기능 및 효과 이외에 추가될 수 있는 소소한 기능들에 대해서 살펴보겠다. 물론 이 내용들은 거주자의 선택으로 결정될 것들이며, 여기서 설명한 것 이외에 스스로 판단하여 또 다른 추가적인 생활환경을 만들어 갈 수도 있을 것이다.

  첫 번째 추가해 볼 만한 것으로 현관 아트리움 남측 고창 안쪽에 인접하여 스크린을 설치해 보는 것이다. 이 스크린은 말아 올렸다 펼쳐 내렸다를 선택적으로 할 수 있는 롤스크린 정도를 생각하고 있다. 이것을 통해서 다음 2가지 정도의 효과를 기대할 수 있다. 하나는 실내커튼의 효과이다.

실내커튼은 외부의 공기온도가 아트리움 유리창을 통해 전달되는 것을 일정부분 막아주는 역할을 할 수 있다. 햇빛이 비취는 경우에 외부 수평 차양이 빛의 유입을 차단할 수는 있지만 외부공기온도가 유리창 표면을 통해 전달되는 것을 막는 데는 한계가 있다. 특히 추운 겨울철에 조금이라도 따뜻한 온도가 그리울 때 커튼효과를 통해 차가운 공기가 전달되는 것을 일부 막아줄 수 있다면 꽤 의미있는 일이 아닐까 생각한다. 다른 하나는 펼쳐 내린 롤스크린을 영상화면 스크린으로 사용하면 어떨까 하는 것이다. 저녁시간, 아트리움 천정에는 영사기가 설치되어 있고 롤스크린을 펼친 상태에서 영사기를 작동한다면 다락은 자그마한 숲속의 영화관이 될 수 있다. 전문영화관의 품질에는 훨씬 미치지 못하겠지만 가족들만의 고유한 아지트가 될 수 있는 다락에서 실내 정원 숲의 한가운데 펼쳐지는 영화장면을 감상한다는 것 자체가 멋있는 일이 될 것이다. 영화가 끝나 스크린을 다시 말아 올리면 수많은 별이

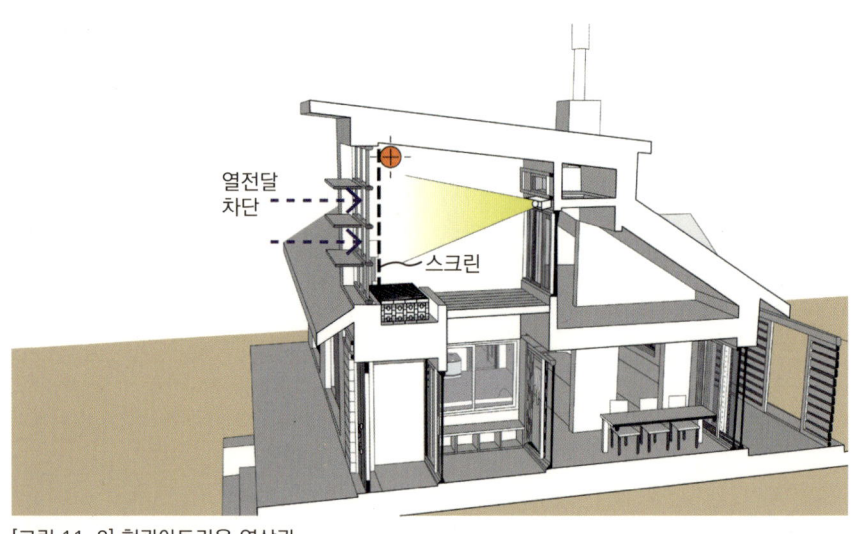

[그림 11-2] 현관아트리움 영상관

쏟아지는 밤하늘이 아트리움 유리창을 통해서 다락으로 들어오는 경험을 할 수 있을 것 같다.

두 번째 추가해 볼 만한 것으로 아트리움 상부공간 양 옆의 구조체 벽에 휴식용 침상인 해먹을 매달아 설치해 보는 것이다. 해먹은 보통 나무그늘 밑에 설치하는 것이 제멋이지만 아트리움 실내 정원 속에 해먹을 설치한다면 나무그늘보다 멋진 휴식공간이 되지 않을까 생각한다. 실내정원 숲 속에 해먹을 설치하고 아트리움 유리창을 통해 밤하늘을 감상하는 여유를 즐길 수 있다면 정말 멋있을 것 같다.

원래 인간의 상상력이란 무궁무진하다. 문제는 그런 상상력을 펼칠 여건을 마련하기가 쉽지 않다는 것이다. 특히 건축 공간적인 측면에서는 한 평의 공간이 곧 재산이었기에 팍팍한 삶의 현장에서 여유로운 공간을 마련한다는 것은 거의 불가능에 가까운 일이다. 그러나 현관 아트리움은 그런 면에서 거주자에게 어렵지 않은 무한한 가능성의 공간을 제공해 줄 수 있다. 지금까지 살펴 본 것과 같이 현관 아트리움을 통해서 주거공간의 다양한 변화를 만들어 낼 수 있고 자연환기와 에너지절약형 환기기능 및 건강하고 쾌적한 주거공간을 만들 수 있다는 것을 알 수 있었다. 만일 다른 방식의 에너지절약형 주택을 만들기 위해서 기계식 환기장치를 설치했다고 가정해 보자. 환기장치 자체의 설치비용은 물론 환기장치가 설치되는 기계실 공간 등을 생각하면 현관 아트리움 설치는 훨씬 저렴한 방식이라는 것을 알 수 있다. 기존의 커다란 현관 면적을 일부 축소 조정하고 거기에 1평 정도의 면적만 추가하면 현관 아트리움을 만들 수 있다. 이러한 방식을 통하면 친환경주택의 건축비용이 일반주택과 비교해서 더 비싸다는 것에 크게 찬성할 수 없다. 현관 아트리움 방식의 친환경주택은 굳이 비쌀 이유가 없기 때문이다. 미리 정해진 목표치만큼 환경성능을 발휘하는 기계식 방식이 아니라, 자연의 흐름대로 자연의 원리를 받아들이며 갖고 있는 만큼의 여유로 만들 수 있는 것이 해와 바람의 친환경주택인 것이다. 인간의 상상력을 실천할 수 있게 도와주는 주택이다. 무해하고 무한한 자원을 이용하는 친환경주택에서 1평의 기적을 느껴볼 수 있기 바란다.

12장 다락과 계단에 대하여

공간과 환경에 대한 적응력을 키우는데 다락만큼 좋은 공간은 없다.

　1층에서와 달리 다락이나 2층에서 또 다른 분위기의 아트리움 온실을 경험하기 위해서는 수직적인 움직임을 가능하게 하는 계단이 있어야 한다. 계단은 수직 방향으로 공간을 연결하는 복도라고 생각하면 된다. 다만 일반 복도는 평면적인 기능을 수행하지만 계단은 입체적인 기능을 수행하는 것이 가장 큰 차이점이다. 계단 한 단 한 단을 오르고 내릴 때마다 입체적인 환경의 전개가 조금씩 달라지고 그에 따른 공간적인 경험이 달라진다. 평면적인 생활에서는 놓칠 수 있는 잃어버렸던 공간을 되찾게 해주는 것이 계단이다. 또한 계단을 보는 것만으로도 상부공간에 대한 궁금증을 유발하게 된다. 그래서 계단이 있고 없고는 주택의 공간 구성에서 호기심의 연출을 추가할 수 있는지를 결정하는 중요한 요소가 된다. 이러한 계단을 상부공간의 상태에 따라 약간 구분하여 생각해 보려한다. 하나는 2층이나 3층과 같이 온전한 상부공간이 형성되어 있을 때의 계단과 다락과 같이 불완전한 공간이 형성되어 있을 때를 구분해 본다.

　먼저 2층과 같이 온전한 공간이 형성되어 있는 경우는 일반적으로 계단도 온전한 형태와 기능을 수행하도록 구성되는 것이 맞다. 상부공간이 기능적으로 완전한 공간인데 그 곳을 연결하는 것이 불완전한 형태와 구성으로 되어 있다면 서로 어울리지 않아 조화가 깨지는 현상이 발생한다. 그래서 이때의 계단은 수직적 연결기능과 그 과정에서의 입체적인 공간체험 그리고 계단을 이용한 조형적인 결과물을 얻을 수 있다. 계단의 폭과 단너비, 단높이 모두 기능적으로 편리한 정상적인 형태를 취하는 것이 상식적이다. 일직선 형태일 수 있고 돌음계단일 수도 있고 90°꺾음 계단이나 180°꺾음 계단 등 주택의 기능과 형태에 맞추어 자유롭게 선택할 수 있다. 어찌 보면 매우 이성적이고 합리적인 계단을 기대할 수 있기에 입체적인 공간체험과 조형성을 기대하면서도 무언가 애틋한 끌림이 생기지는 않는다. 이러한 애틋함은 오히려 다락에 연결된 계단일 경우에 좀 더 현실감 있게 다가온다.

다락에 연결하는 계단은 다락이라는 공간의 특성과 여러 가지 현실적인 여건상 완전한 형태와 크기 그리고 기능을 요구하는 것이 왠지 어울리지 않을 수 있다. 다락이 기능적으로 완전한 공간이 아닌데 다락용 계단을 위해서 많은 면적을 할애하기가 어렵다. 계단의 위치 선정에서도 너무 중요한 곳을 배정할 수도 없다. 그러면서도 너무 외진 곳에 배치하거나 너무 불편한 형태를 하고 있으면 사용상 불편함은 물론이고 보기에도 좋지 않다. 이렇듯 서로 갈등을 일으키는 문제들을 해결하면서 위치선정과 형태결정을 해야 한다는 측면에서 다락용 계단을 구성하는 것이 좀 더 까다로운 작업이라 생각된다. 천정 속에 숨겨놓는 접이식 매립형 사다리를 설치한다 해도 충분히 이해되는 것이 다락용 계단이다. 그래도 좀 더 편리하고 공간적인 연출도 고려한 일자형 계단을 설치할 수 있다면 충분히 호사스러운 선택이 될 수 있다. 계단의 폭과 단너비, 단높이가 여유롭지 않을 수도 있다. 주택의 공간구성에서 너무 중요한 위치가 아니면서도 사용하기 편하고 상부공간에 대한 호기심을 연출하면서 공간적인 조형성을 갖출 수만 있다면 다락용 계단으로써는 매우 만족할만하다. 그런 차원에서 다락용 계단을 계획하는 것은 무척이나 아슬아슬하고 왠지 애틋하다.

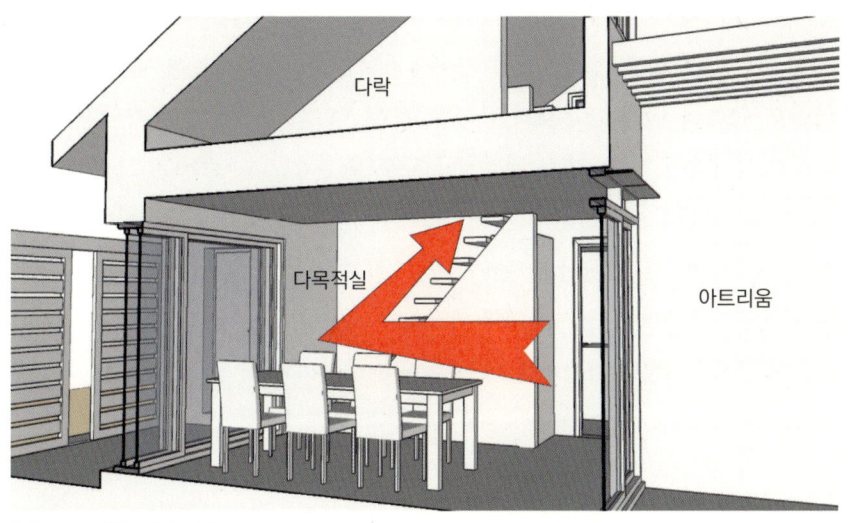

[그림 12-1] 다락용 계단

이렇듯 다락과 연결되는 모든 구성과 형태 그리고 그에 대한 의미에 이르기까지 일반적인 상식의 이성적이고 합리적인 판단기준을 벗어나는 것이 많다는 생각이다. 다락은 건축공간이기는 하지만 비이성적이고 비합리적인 공간이라는 생각이다. 지금부터 다락에 대해서 생각해 보려 한다.

다락은 지상에 세워지는 주거공간이 수직적으로 하늘과 만나는 곳에 만들어지는 일종의 완충공간으로써 경사지붕 안쪽에 자연스럽게 형성된다. 간혹 층고가 낮은 평슬라브를 2중으로 중복해 만들어 그 사이에 다락을 만들기도 하지만 이것은 층수가 많은 복층구조인 경우에나 사용하는 특별한 상황이고 일반적으로는 경사지붕 사이에 형성되는 것이 맞다. 이때 경사지붕을 취하는 이유는 인간이 자연의 흐름에 순응하는 자세를 취해 왔기 때문이다.

비가 오는 경우는 빗물을 흘러 내려 보내기 위해서 경사지붕을 만든다. 만일 빗물이 흘러 내려가지 않고 지붕에 남아 있다면 방수에 문제가 생겨 각종 하자를 일으킬 수 있고 궁극적으로는 주택의 수명을 단축시키게 된다. 또한 눈이 오는 경우도 눈을 흘러 내려 보내기 위해서 경사지붕을 만든다. 눈이 내리는 경우는 비의 경우보다 더 조심해야 하는 것이 지붕에 쌓이는 눈은 무게가 상당해서 지붕구조물 자체를 무너트릴 수 있기 때문이다. 그래서 눈이 많은 지역일수록 지붕경사도가 심한 이유는 모두 다 이러한 눈의 무게를 흘러 내려 보내기 위해서다. 1800년대 후반 이후로 서구지역을 중심으로 생겨난 근대건축에서 평지붕 형태가 새로운 건축형태로 자리 잡으며 다양한 건축형태를 만드는 계기가 되었다. 그러나 건축과 주택이 자연환경과 조화하며 형성되어야 한다는 근본적인 의미를 생각해 보면 특별한 이유없이 형성되는 평지붕 형태일 경우는 결국 자연의 흐름을 거역하는 모습이 된다. 그래서 겉으로는 다양한 조형적 형태구성으로 화려해 보이지만 끊임없는 하자발생을 인간의 기술로 보완하며 유지해 오고 있는 것이다. 자연을 극복할 수 있다는 인간의 자만심이 결국은 끝없는 자연과의 전쟁을 치르게 하고 있다. 당장 눈앞에서는 자연을 이긴듯하지만 결국 우리는 자원을 낭비하며 기후재난의 시대를 맞고 있다. 최소한 주택에서 만큼이라도 자연의 흐름을 그대로 받아들이고 그에 따라 자연스럽게 형성되는 다락의 의미를 새롭게 찾아가면 좋겠다.

물론 다락이 무조건 무상으로 만들어 질 내용은 아니다. 다락이 최소한의 공간적 조건을 이루기 위해서는 지붕경사도가 일반 지붕보다는 심할 수 있다. 공사가 약간 더 어려울 수 있다는 뜻이다. 그렇지만 자연과의 교류 관계에서 이는 좋은 역할을 할 수 있기에 충분히 이해할 수 있는 부분이다. 또 하나는 다락의 바닥 슬라브를 만드는 비용이 들어간다. 다락이 없다면 그냥 천정으로 형성되겠지만 다락은 바닥 슬라브 공사가 뒤따른다. 예산을 세우는 데는 미리 알고 있어야 한다. 공사비 이외에 현실적인 규제조항들도 생각해 두어야 한다. 다락은 자연스럽게 형성되는 불완전한 공간이기에 연면적이나 층수 산정 등에서 제외될 수 있다. 그런데 이 혜택을 부당하게 사용하는 경우가 있어 이를 제한하는 현실적인 규제들이 있다. 주로 정상적인 거실공간으로 사용하지 못하게 하는 공간 높이에 대한 규제들이거나 설비에 대한 규제들이다. 덤으로 생기는 공간인 만큼 그 태생의 의미에 맞는 공간으로 사용하라는 뜻이다. 이 부분이 사용하는 사람들과 규제를 가하는 관리기관들과의 쫓고 쫓기는 관계를 형성시킨다. 참 말도 많고 탈도 많은 공간이다. 그렇지만 이것을 정당하고 현명하게 대처하며 공간을 만들어 가고 사용하는 것이 바로 다락의 매력이다.

'해와 바람의 친환경주택'에서 선택한 다락의 구성방법에 대해서 간단히 설명해 보겠다. 일단 계단은 사다리 보다는 완만하지만 정상적인 계단보다는 경사가 조금 더 심한 고정식 준사다리급 계단을 사용한다. 계단이 설치되는 면적을 줄이려는 의도이다. 또한 설치위치는 가능한 한 현관 아트리움 옆이거나 다목적실 옆으로 하여 공용공간에서 노출되도록 하고 있다. 다락은 주로 박공형식의 지붕 속에 만들어지며 4가지 종류의 창문을 조합하여 설치한다. 하나는 다락의 일부 수직벽면에 설치되는 외부창문으로 환기 등의 일반적인 창문과 같은 역할을 한다. 두 번째는 지붕 아랫부분에 지붕경사면이 아닌 수직으로 설치되는 높이가 낮은 작은 창문이다. 바닥에 누워 밖을 볼 수 있는 정도의 창문이다. 외부 조형적인 측면을 일부 포함하고 있다. 그렇기에 큰 의미가 없으면 선택적으로 삭제할 수도 있다. 지붕 경사면을 따르지 않는 이유는 햇빛이 다락으로 바로 들어오는 것을 방지하기 위해서다. 흔히들 경사지붕면에 천창을 두어 하늘을 보고 조형미도 추구한다고 하지만 이는 결코 바람직하지 않은 방법이다. 작은 창문이라도 햇빛이 실내로 들어온다는 것은 공간의 쾌적성을 심각하게 훼손하는 결과를 만들 수 있다. 천창에 외부차양까지 설치한다면 그때 발생하는 공사비 상승은 어떻게 감당할 것인가? 그래도 밤하늘의 별을 보고 싶다면 3번째 창문에 해당하는 아트리움 창문을 이용하면 된다. 대형 창문이 아트리움에 설치되어 있고 다락에서 아트리움을 통해 밤하늘을 보면 그 어떤 전망보다 멋진 광경을 얻을 수 있다. 그리고 마지막 4번째 창문은 내부 거실과 공간적으로 소통하게 만든 다락 내부 수직벽면의 창문이다. 보다 자세히 설명하면 거실상부에는 다락 슬라브를 설치하지 않아 거실상부 공간을 높게 형성한다. 당연히 공간볼륨이 조금 더 커지고 그만큼 에너지 소모가 이루어질 수 있다. 그렇지만 집이란 에너지만을 최고로 고려해야 하는 곳은 아니다. 충분히 공간적인 가치를 유지하고 있어야

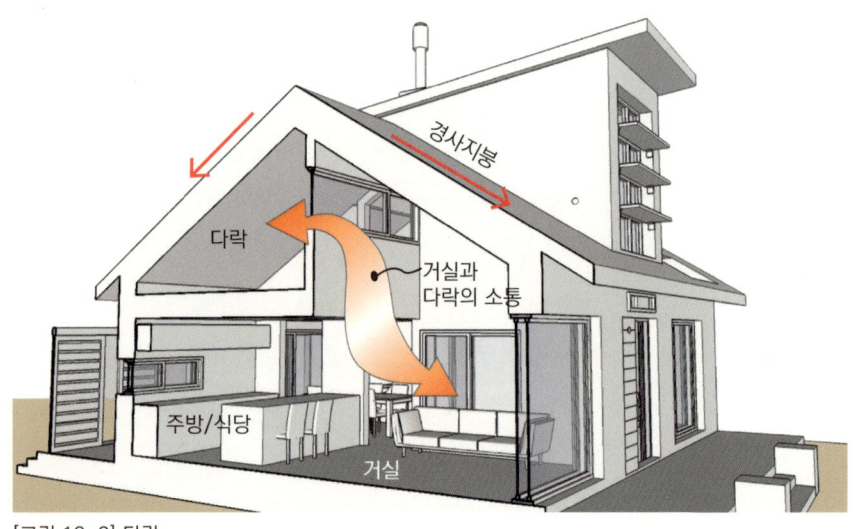

[그림 12-2] 다락

한다. 그래서 개방감 확보를 위해서 거실공간을 높이고 다락과는 창문으로 분리 시켜 공기에너지가 사방으로 흩어지는 것을 방지한다. 이를 통해서 얻는 효과는 거실공간의 높이 이외에 거실과 다락의 소통이 편하게 이루어질 수 있다.

이러한 다락을 현실적으로 규제하며 권장하는 공간의 용도는 창고이다. 이때 낱말의 의미를 깊이 생각하지 않으면 단순한 창고라고 생각하겠지만 사실은 그렇지 않다. 다락은 보물창고 공간이다. 대부분의 경우에 방이나 거실 옆의 창고이거나 외부에 설치되는 창고로써 모두 나름대로의 계획에 따라 물건이 보관된다. 쉽게 눈에 띄고 쉽게 기억할 수 있다. 그러나 다락은 수직적으로 이동하여 물건을 보관해야 하는 만큼 다소 불편하고 물건을 보관한 후에는 쉽게 잊어버리는 공간이다. 당장 보관해야 하는 물건이 있을 때, 다락에 여유공간이 있다면 물건을 올려 놓고 잊어버린다. 공간의 특징이 그렇다. 그렇게 주인이 잊어버린 물건들이 쌓여가는 망각의 공간이다. 그렇게 시간이 흘러가고 어느 날인가 찾는 물건이 없으면 마지막으로 다락을 찾는다. 그리고 어느덧 산더미처럼 쌓인 다락창고의 물건들을 본다. 하나둘씩 다락창고를 정리하면서 지나간 사진을 발견하기도 하고 지난번에 끝내 찾지 못했던 또 다른 잃어버렸던 물건을 찾기도 한다. 타임캡슐이 묻힌 공간이다. 행운이 깃든다면 집안의 가보같은 보물 골동품을 찾을 수도 있다. "심봤다!"는 산속에서 산삼 캘 때만 쓰는 말이 아님을 알 수 있는 공간이다.

두 번째는 다락에서의 '불편한 생활'이다. 현실적인 규제는 다락을 거실용도로 사용하지 말라고 권장하지만 공간이 있고 창고물품들이 쌓여 있는 공간에서 물건들을 옆으로 치우고 불편하게 살겠다는데 막을 방법은 없다. 불편할 수 있는 모든 조건을 갖추고 있다. 다락의 높이도 낮고 경사지붕은 천정 높이가 위치마다 달라서 불편하며 각종 설비도 갖추어져 있지 않다. 천정에 머리를 부딪히는 일이 많고 화장실에 가려면 아래층으로 내려가야만 한다. 이러한 악조건을 견디며 가족들의 고유한 아지트가 되고 공부방과 침실로 쓰며, 형제들이나 친구들과 만나서 노는 거실로 쓰겠다는데 이를 부정하는 생각이 있다면 그 자체가 말이 되지 않는다. 이렇게 불편한 공간에서 생활하다보면 어느새 꾀가 생기고 나름 공간을 사용하는 방법을 터득해 가게 된다. 공간과 환경에 대한 인간의 적응력을 키워 가는데 다락만큼 좋은 공간은 없다.

다락은 태생 자체가 인위적이지 않은 자연스럽고 불완전한 공간이다. 형성되는 위치도 하늘과 만나는 부분의 완충공간으로 중의적 성격을 띠며 다목적인 기능을 수행하는 애매한 공간이다. 이러한 공간이 바로 인간을 건강하게 만든다. 공간에 적응하는 방법을 배우고 그 공간 속에서 살아가는 법을 배운다. 인간의 생각은 정말로 뜻밖이고 돌발적인 경우가 많다. 그러한 인간의 무한한 상상력을 키우고 수많은 추억을 만들 수 있는 공간이다. 그 어떠한 공간보다 가치있는 공간이 바로 다락이다.

13장 배치와 형태계획

친환경주택이란 바람을 이용하는 것이다.

 집을 짓기 위해서 가장 먼저 해야 할 일은 집터인 땅을 결정하는 것이다. 이것을 위해서 잠시 우리의 전통적인 방법에 대해 먼저 생각해 보고 본론에 들어가려 한다. 집터는 기본적으로 몇 가지 공통된 원칙으로 정해 오고 있다. 그 원칙이란 모양이 반듯하고 경사가 심하지 않으며 매립지는 피할 것이며 높은 곳에서 낮은 곳으로 흐르는 듯 한 자연 순응형 택지가 좋다고 여겨왔다. 이렇게 집터가 정해지면 그 다음은 본격적으로 주택을 배치하고 그 배치에 맞는 세부적인 평면과 단면 및 형태 등에 대해서 검토한다. 주택의 배치방법 역시 크게 3가지 원칙을 기본으로 하고 있다. 첫째, 산을 등지고 앞으로는 하천을 바라봄으로써 겨울철 차가운 바람을 피할 수 있게 하며, 둘째, 주건물은 높게 앉고 부속건물이 낮게 앉아 불순한 기운이 집으로 들어오는 것을 막는다. 셋째, 입구는 좁고 그 안쪽은 넓게 하여 안팎의 기운이 갑작스럽게 섞이는 것을 경계한다. 이러한 배치방법을 기본으로 건축물이 들어갈 위치와 방향을 정하게 되는 데 이를 좌향(座向)이라 한다. 이때 좌향은 마당을 중심으로 결정하는 방법이 있고, 건축물을 중심으로 결정하는 방법이 있는데 오늘날에는 주로 건축물을 중심으로 좌향을 결정한다. 여기까지의 전통적인 방식을 기본지식으로 하고 다음은 현대건축 방법을 추가해 보겠다.

현대의 주택설계에서 배치에 영향을 줄 수 있는 요소들은 여러 가지가 있지만 그 중 한 가지 요소에 대해서 설명하려 한다. '축(Axis)'이라는 항목으로 이것은 실제로 존재하지는 않지만 건축물의 흐름을 정하는데 기준이 되는 가상의 선을 긋는 방법에 대한 것이다. 축은 기본적으로 3가지 항목에 대해서 고려한다. 방위축과 대지축과 도로축이 그것이다. 여기서 방위축이란 방위 각도를 고려하여 주택의 형태나 방향을 정한다는 뜻이다. 대지축은 대지의 형상에 따른 대지흐름을 따르는 것이고 도로축은 대지에 인접한 도로의 방향과 흐름을 고려한다는 뜻이다. 간단한 내용이지만 주택의 배치에서 매우 중요한 내용이다. 그 이유는 자신의 주택 배치만이 아니라 인접한 집들도 대부분 방위축을 중심으로 한 기본축을 공통으로 사용하고 있기에 전체적으로 보면 마을의 통일된 흐름을 유지할 수 있게 된다.

이상의 내용들을 종합하면 결국 다음의 2가지 결론을 얻게 된다. 첫째 주변과 조화를 이루는 배치를 할 것. 둘째, 향을 고려한 배치를 할 것 등이다. 그리고 이때, 향(向)이라는 항목을 분석하면 해와 바람의 흐름을 고려하는 것이 중요한 주택배치 방법임을 깨닫게 된다. 결국 주변 환경과 조화하며 자연의 원리를 적용하는 친환경주택을 만든다는 것은 곧 해와 바람의 원리를 이해하고 적용한다는 것이다. 즉, 해를 통해 이롭게 작용할 수 있는 방향을 주택배치의 주방향으로 정하고 해의 작용에 의해 나타나는 바람의 흐름을 이용해서 환기나 에너지절약을 계획한다. 특히 현실적으로 거의 모두가 주택의 주방향으로 정하고 있는 남향에 대해서 생각해 보겠다.

남향은 동향이나 서향과는 달리 계절에 따른 태양의 높이가 많이 달라진다. 흔히 남중고도라고 부르는 남쪽에서의 태양의 높이는 여름철에는 높고 겨울철에는 낮으며 봄과 가을은 중간정도가 된다. 이유는 지구의 자전축이

옆으로 약간 기울어져 있고, 지구가 태양주위를 도는 공전의 형태가 완전한 원형의 형태가 아닌 것 등의 이유들로 나타나게 된 현상들이다. 이러한 현상이 없고 태양빛이 일정한 각도로 비춰 온다면 남향에 대한 장점을 발견할 수 없을 것이다. 즉, 여름철에는 태양의 남중고도가 높은 까닭에 햇빛의 각도가 주택에 거의 수직에 가깝게 내리 쬐고 그 결과로 수직 벽체에 설치되어 있는 창문으로는 햇빛이 들어오지 않는다. 다만 햇빛의 각도가 완전한 수직이 아니기에 일부 창문을 통해 들어오는 빛은 처마나 차양으로 차단한다. 햇빛이 들어오지 않으니 함께 전달되는 열에너지도 없어서 실내가 더워지지 않는다. 반면 겨울철에는 태양의 남중고도가 낮아서 수직벽체에 설치된 창문을 통해서 햇빛이 실내로 깊숙이 들어온다. 당연히 이 햇빛은 실내에 열에너지를 전달해 주고 난방비용을 절감시켜 준다. 특히 겨울철은 온도가 낮아서 결로현상 등과 같이 실내 공기가 습하게 부패하는 현상이 생길 수도 있다. 그런데 남측에서 햇빛이 들어오면 이러한 부패한 공기를 살균해 주는 효과가 있다. 주택의 주방향을 남향으로 정하면 자연적으로 열에너지를 조절하는 것은 물론 공기질을 향상시키는 효과도 얻게 되는 것이다.

이러한 햇빛의 작용으로 열에너지 및 살균효과 이외에도 땅이나 벽체가 가열되면서 대류현상에 의한 공기의 흐름이 생긴다. 이러한 공기의 흐름은 미시적 차원에서는 주택 내부에 대류를 일으키겠지만 거시적 차원에서는 계절풍을 일으키기도 한다. 친환경주택이란 바로 이때의 바람을 이용하는 것이다. 해와 바람은 항상 쌍을 이루어 함께 나타나는 현상이다. 즉, 해의 흐름을 이해한다는 것은 열에너지, 빛에너지, 살균효과는 물론 바람을 통한 환기와 냉방부하저감 효과 등 인간 생활에 필요한 거의 모든 에너지의 흐름을 이해하게 되는 것이다. 그래서 이러한 내용을 반영한 해와 바람의 친환경주택은 남쪽에 커다란 아트리움 창을 내어 해와 바람을 이용하고, 거실과 침실 등도 남쪽에 배치하여 내부공간의 에너지 절약을 도모하고 있다.

또한 한 가지 더 알고 있으면 좋은 내용은 정남향만을 고집할 필요가 없다는 점이다. 앞서서 살펴본 지구의 자전축이나 공전의 형태 등으로 정남향만을 최고의 방위각이라고 결정하지 않는다. 남쪽을 기준으로 동쪽으로 약 18~20°, 서쪽으로 약 16~18° 정도를 가장 합리적인 향으로 적용하고 있다. 간단히 기억하려면 남남동과 남남서 정도면 매우 훌륭한 방위각이 되는 것이다. 이 각도를 기준으로 약간의 오차를 적용한다면 남서쪽에서부터 남동쪽 까지를 주택의 주방향으로 정할 수 있다. 이 방위각의 범위를 알고 있어야 하는 이유는 주택을 배치함에 있어 대지의 형상과 주변조건들에 따라서 정남향만을 고집할 수 없는 경우가 많기 때문이다. 이러한 때에 향이 좋지 않다고 실망할 이유가 없다는 뜻이다. 남향을 중심으로 하되 약간씩의 동쪽과 서쪽으로 주택의

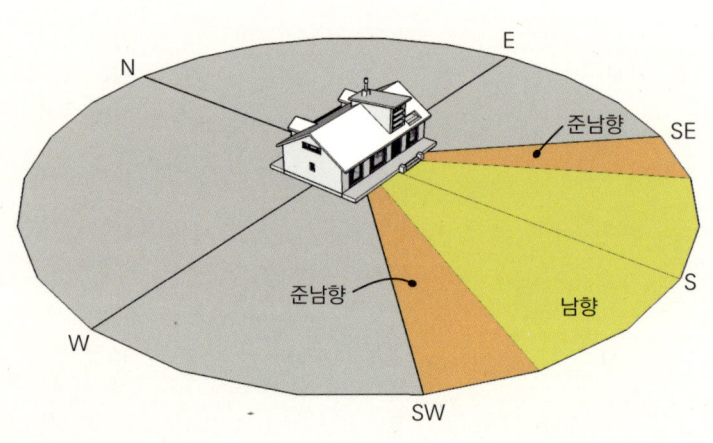

[그림 13-1] 방위

방향이 틀어지는 것도 모두 훌륭한 방향이 될 수 있다는 것을 안다면 향으로 인한 불필요한 스트레스를 받지 않아도 되기 때문이다.

다음은 평면의 형태에 대해서 살펴보겠다. 먼저 에너지 측면에서 살펴보자. 주택의 에너지는 바닥, 벽, 천정을 통해서 외부와 교류하며 소비되는 관계로 면적이 클수록 에너지 소비가 많을 수 밖에 없다. 그런 차원에서 에너지를 절약하려면 필요 이상의 규모로 집을 짓는 것을 지양해야 한다. 1년에 한번 올까 말까한 손님을 위해서 필요 이상의 큰집을 짓고 사는 것은 안타까운 일이다. 그래도 손님의 방문을 기다리는 것이 삶의 낙이라면 어쩔 수 없지 않을까? 이러한 경우라면 가능한 한 앞에서 일부 설명했던 다락과 같은 다목적 공간을 두어 활용하는게 좋다. 단순히 규모를 크게 하는 것이 아니라 상황에 따라 적절히 대응하는 공간을 만드는 것이 자신의 재산을 지키며 자원의 낭비도 줄이는 방법이 될 수 있다.

또한 같은 규모의 주택이라면 벽체의 면적을 줄일 수 있는 방법을 검토해야 한다. 벽체의 면적이 많을수록 외부와 접촉하는 면적이 많아지고 결국은 에너지 소비가 많아진다. 이때 벽체 면적이 적정한지를 따져보는 방법이 A(바닥면적)/V(실내볼륨)비율 또는 A(바닥면적)/A(벽체면적)비율을 확인해 보는 방법이다. 그리고 결과는 당연히 단순한 주택일수록 벽체면적이 적고, 에너지 소비가 적다는 것을 알 수 있다. 정사각형 형태에 비하여 직사각형이 벽체 면적이 더 많고 직사각형에 비하여 'ㄱ'자나 'ㄷ'자 등으로 형태가 복잡해질수록 벽체면적이 많아진다. 물론 생활방식에 따라 복잡한 형태가 필요할 수도 있다. 그러나 특별히 요구되는 경우가 아니면 단지 형태디자인을 위해서 복잡한 형태를 추구하는 것은 다시 생각해 보아야 한다. 한번 더 전통한옥을 소환해 보자. 한옥의 아름다움을 그렇게 칭찬하고 있지만 사실

한옥이 복잡한 형태로 되어 있던가? 특히 살림채는 모두가 단순한 형태로 이루어져 있다. 살림채의 변화란 고작 'ㄱ'자 형태로 구성되는 경우가 있을 뿐이다. 단순한 형태의 살림채에 필요에 따라 부속채가 별도로 추가되는 정도다. 그런데도 우리는 한옥을 최고의 멋진 집으로 기억하고 있다. 이 말은 멋진 집에 대한 추억은 복잡한 형태가 아니었단 뜻이다. 불필요하게 복잡한 형태를 만들면서 자원을 낭비하는 방식은 이제 멈추어야 한다. 참고로 이 책의 후반부에 제시하고 있는 표준주택의 북측에 돌출된 형태는 비난방구역으로 에너지 사용면적을 고려하는데 있어서 무시해도 되는 내용이다.

A 형	B 형	C 형
10 × 10, $100m^2$	15 × ..., $100m^2$ (ㄱ자형)	15 × ..., $100m^2$ (ㄷ자형)
· 바닥면적 : $100m^2$ · 벽체길이 : 40 m	· 바닥면적 : $100m^2$ · 벽체길이 : 50 m	· 바닥면적 : $100m^2$ · 벽체길이 : 60 m

[그림 13-2] 벽체면적비교

주택의 형태가 복잡하다는 것은 또 다른 문제를 야기할 수 있다. 벽면이 교차하거나 또는 꺾이거나 또는 서로 다른 볼륨의 형태들이 겹쳐지면서 새로운 조형들을 만들어 가는 동안에 접합부위에서 하자가 발생할 확률이 높아진다. 주택은 효과적인 단열방법 등을 통해서 에너지를 절약하는 것도 중요하지만 방수나 크랙 방지 등을 통해서 장수명 건축을 만드는 것도 중요하다. 건축물의 수명이 짧다는 것은 그만큼 자원의 낭비가 많아진다는 뜻이다. 복잡한 형태의 주택일수록 복잡한 벽체들의 접합부위가 발생하고 그만큼 하자 발생의 위험은 늘어난다. 만일 주택의 목적이 조형미를 추구하는 것이라면 이야기는 달라진다. 그러나 주택은 조형예술품이 아니다. 주택은 살기 좋은 생활공간이어야 한다. 설사 보기가 안좋아도 살기 좋은 생활공간이면 주택으로써 성공하는 것이다. 이런 주택의 원래 가치를 조형미로 착각하는 실수는 더 이상 없어야 한다. 자칫 건축비용도 천정부지로 상승할 수 있다. 또한 소규모 주택 공사업체들의 시공능력이 생각만큼 이상적이지 않을 수도 있다는 현실적인 판단도 필요하다. 그러니 굳이 미학적인 아름다움을 원한다면 미술관에 가서 조형예술품을 감상하는 것이 맞다. 주택은 조형예술적인 미학이 아니라 생활철학이라는 관점에서의 미학을 추구한다는 것을 이해 할 수 있기 바란다.

다음은 외형적인 형태에 큰 영향을 미치는 지붕 형태에 대해서 살펴보자. 지붕은 평지붕부터 곡선과 사선 또는 경사지붕 등 다양한 형태를 시도할 수 있다. 그러나 이러한 디자인적 시도 이전에 앞서 다락에서 언급했던 환경에 적응해 가는 형태추구가 기본이다. 비나 눈이 오는 경우에 적절히 대응할 수 있는 방법인 경사지붕을 기본으로 생각하고 형태작업을 시작한다. 물론 곡선형태도 경사지붕이 될 수 있다. 다만 이 경우는 공사의 난이도나 비용측면을 고려하여 판단하면 된다. 일반적인 경사지붕일 경우는 정면을 기준으로 하여 좌우측으로 경사지며 삼각형 입면을 보이는 방법 보다는 남측과 북측으로 경사지는 방법이 더 좋을 수 있다. 이는 형태적인 측면이 아니라 기능적인 측면에서 추천하는 것이다. 이유는 남측 경사일 경우는 햇빛을 활용하여 또 다른 기능을 만들어 낼 수도 있다. 지붕에 태양광 패널을 설치할 경우가 그 예이다. 또한 북측 경사는 북측에 그늘지는 면적을 적게 해서 겨울철

땅이 어는 부분을 줄일 수 있다. 만일 북측 지붕이 높아서 뒷마당에 그늘이 깊어진다면 그만큼 뒷마당은 차가운 얼음의 땅이 된다. 이러한 내용을 고려할 때 좌우측으로 경사지는 삼각형 입면 형태 보다는 남북측 경사지붕이 좋고, 절대적인 것은 아니지만 일반적으로 남측이나 북측의 한쪽 방향으로 경사지는 외경사 지붕보다는 양방향 경사지붕이 좋다. 물론 외형이 단순해 질 수는 있다. 그러나 단순한 형태가 보기 나쁘다는 것이 아니다. 단순한 형태미는 자주 보고 느끼며 그 의미를 이해해 갈 때 새로운 아름다움을 느낄 수 있게 되는 것이다.

마지막으로 현관아트리움의 형태에 대해서 생각해 보자. 지붕의 한 부분이지만 기본적인 지붕 형태에서 분리되어 실내공기의 대류현상이 발생할 수 있도록 돌출된 형태를 취한다. 또한 햇빛을 최대한 활용하기 위해서 남쪽에 커다란 창을 설치하였다. 이것이 현관아트리움 형태디자인의 큰 틀이다. 세부적인 디자인 요소를 제외한다면 자연의 현상을 받아들인다는 큰 원칙으로 구성된 것뿐이다. 그 상태에서 디자인적인 가치를 추구하고 있다. 일체의 현학적인 디자인 이론을 적용하는 노력은 배제하였다. 가장 큰 아름다움은 가장 기본적인 솔직함에서 나온다는 것을 알기 때문이다.

14장 단열 원리와 창문에 대한 이해

해와 바람을 이용한다는 것은 축열을 이해하여 집을 만든다는 것.

건축단열은 공사비 예산에서 약 2% 전후에 불과하지만 건축물 생애주기관점에서 그 어떤 자재 보다 중요하다. 건축물 에너지 절약분야에서 가장 큰 역할을 하기 때문이다. 이러한 단열에 대해서 제대로 알아야 하는 것은 건축전문가는 물론 건축주의 입장에서도 매우 중요하다. 단열에 대한 이야기는 열에너지 전달 원리를 먼저 설명한 후에 단열원리에 대해서 설명하도록 하겠다.

먼저 열에너지의 전달 원리에 대해서 생각해 보자. 열에너지의 전달은 대류와 전도와 복사라는 3가지 원리가 작용한다. 이때 복사라는 것은 최초 열에너지의 시작점인 태양으로부터 빛이 전달되어 오는데 이때의 빛은 열에너지가 없는 단파장 형태로 전달된다. 이 단파장이 지구상의 임의의 불투명한 물체에 부딪히면 장파장으로 변하고 이때 열에너지가 발생한다. 이것이 복사에너지다. 두 번째로 복사되어 전달된 에너지는 인접한 물질로 전달하는 현상들이 발생하는데 이것이 전도이며, 마지막 세 번째는 복사나 전도된 열에너지로 공기가 가열되면 위로 상승하는 현상이 발생하는데 이것이 대류이다. 그래서 단열의 원리는 이 3가지 열에너지 전달을 차단하는 것이다. 이것은 아주 기본적인 에너지 전달 원칙이다. 그러나 이것만 갖고는 열에너지의 원리를 제대로 이해하기 어렵다. 대류,전도,복사라는 3가지 원리에 숨어 있는 보다 세부적인 원리를 이해하지 않고서는 건축에 적용하는 방법을 찾기가 어렵다.

우선 첫 번째로 알아야 하는 세부적인 원리는 복사에너지가 다시 반사와 방사로 나누어진다는 것이다. 반사는 빛이 물체에 부딪힐 때 다시 튕겨져 나오는 것을 말한다. 즉, 반사가 많이 될수록 열에너지가 건물 안으로 전달되는 량이 적어진다. 반사가 많이 되는 것을 고반사라고 한다. 그런데 여기서 매우 조심해야 하는 것은 앞서서 말한 다른 열에너지 전달 원리도 작용하고 있다는 것이고, 아직 설명하지 않은 다른 원리도 숨어 있다. 마치 고반사를 통해서 모든 열에너지를 차단한다고 생각하면 큰 오산이다. 두 번째로 빛이 물체에 부딪혀서 열에너지가 발생하면 그것이 전도되어 물체의 반대편으로 뚫고 들어가 전달되는데 이것을 방사라 한다. 흔히들 물체에 열이 들어온 만큼 반대편으로 열이 전달될 것 같지만 아니다. 일부는 반사되어 사라지고 일부는 물체 안에 남아 있다가 서서히 전달되고 나머지 일부가 뚫고 들어온다. 단열의 원리상 열이 적게 들어오는 것이 좋기 때문에 뚫고 들어오는 량을 적게 한다. 이것을 저방사라 한다. 흔히들 에너지절약을 위해서 로이유리를 선택하는데 이때의 '로이(low-E)'가 저방사(low-emmisivity)를 의미한다. 고반사와 저방사가 동시에 이루어지는 것이 건축단열에는 당연히 좋은 것이다. 그런데 여기서 한 가지 설명하지 않은 부분이 있다. 물체에 열이 전달되면 일부는 고반사하고 다른 일부는 저방사 하지만 또 다른 일부는 물체에 남아 있다고 했다. 이것이 축열이다.

축열은 열에너지전달의 3대원리와 같은 즉각적인 효과가 나타나는 내용이 아니다. 그렇다 보니 종종 무시하여 간과하는 일이 생긴다. 그러나 열에너지 전달원리와 단열원리를 적용하여 건축물을 만드는데 있어서는 아마도 '축열'이 가장 중요한 부분이 아닐까 생각한다. 당장 눈에 보이는 현상들은 빠른 대처가 가능하지만 축열과 같이 천천히 나타나는 현상은 나중으로 미루었다가 큰 낭패를 보기 쉽다. 역으로 축열을 잘 이용하면 건축물 안에서의 생활이 꾸준하고 은은하며 쾌적해지는 상황을 만들 수 있다. 우리가 흔히 경험하고 있는 축열의 좋은 예와 나쁜 예에 대해서 생각해 보자. 먼저 축열체의 역할을 할 수도 있는 구조체가 외부에 노출되는 경우는 빛으로 전달된 에너지가 축열되었다가 지속적으로 에너지를 발산하게 된다. 이러한 현상은 더운 여름철에는 매우 불편한 상황이 될 수 있다. 해가 서쪽으로 사라진 경우에도 벽체에 축열된 에너지 때문에 건축물이 좀처럼 시원해지질 않는다. 반면 바닥을 축열체로 활용하는 온돌의 경우는 열에너지가 조금씩 꾸준히 방출되며

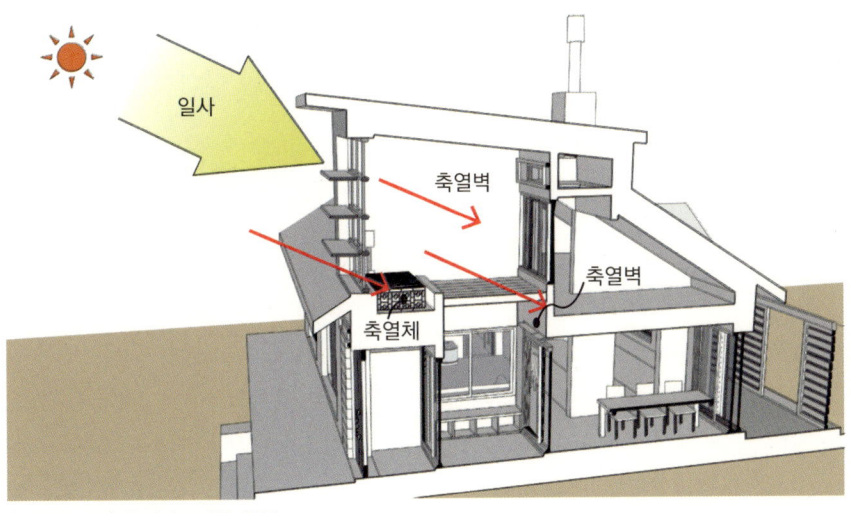

[그림 14-1] 현관아트리움 축열

대류현상과 함께 따뜻한 실내환경을 만들게 된다. 태양으로부터 전달되는 에너지는 무한대이며 무공해인 무료 자원이다. 이 에너지를 건축물의 어느 부위에 저장하였다가 사용하는가에 따라 건축물의 환경조건은 완전히 달라진다. '해와 바람'을 이용한다는 것은 바로 이 축열을 이해하며 건축물을 만들겠다는 뜻이다. 여기에 더하여 자신이 살아가는 주택 안에서 축열과 함께 다양한 에너지 전달 원리를 배우고 익혀서 스스로 적용해 갈 수 있다면 좋겠다는 생각이다. '해와 바람의 친환경주택'은 그것을 도와준다.

다음은 건축에 적용되는 단열원리에 대해서 생각해 보겠다. 여기서는 3가지 용어를 알고 시작해야 한다. 열전도율(λ), 열관류율(U), 열저항(R)이다. 먼저 열전도율은 어떤 물체의 한쪽 표면에 가해진 열이 다른 쪽 표면으로 전달되는 정도를 표시한 것이다. 이것은 물체가 하나의 동일한 물질로 구성되어 있을 때 측정이 가능한 방법이다. 당연히 물체의 두께가 두꺼울수록 다른 쪽으로 열이 전달되는 량은 적을 수 밖에 없다. 이를 표기하는 단위기호는 (W/m·K)이다. 이때 (W)는 열량이고, (m)는 두께이며, (K)는 온도차를 말한다. 단위기호를 적는 이유가 있으니 기억해 두기 바란다. 다음은 열관류율로 중간에 어떤 물체가 가로 막고 있을 때 한쪽의 공간에 있는 열에너지가 다른 쪽의 공간으로 전달되는 정도를 표시한 것이다. 건축은 공간을 만드는 것이니 건축단열계획에서 실제 적용되는 내용은 열관류율이다. 이를 표기하는 단위기호는 (W/m²·K)이다. 열전도율과 단위가 비슷하지만 두께 단위가 다르다. 즉, 열전도율을 두께로 나누면 열관류율 값이 나오는 것으로 어떤 열전도율 값을 갖고 있는 단열재를 두께로 나누어 열관류율을 계산한다. 또한 실수하지 말아야 하는 내용은 열전도율과 열관류율의 두께 단위가 (m)이다. 실제 단열재들은 (mm)단위로 구성됨을 기억하고 있어야 한다. 마지막 열저항은 한쪽에 있는 열에너지가 다른 쪽으로 전달되는 것을 방해하는 성질이다. 우리가 건축단열을 한다는 것은 최종적으로 열전달을 방해하여 차단하는 것으로 열저항을 높이겠다는 뜻이며, 열저항은 정수 값으로 열저항 값이 각기 다른 여러 물질들을 더하여 열저항 성능을 높일 수 있다. 열저항(R)은 열관류율(U)의 역수 값이다. (R=1/U)

$$열저항(R) = R_1 + R_2 + R_3 + \cdots\cdots + R_n = 1/열관류율(U)$$

[그림 14-2] 열저항

이상 살펴본 3가지 단열용어를 기초로 건축단열에 적용되고 있는 내용들을 살펴보자. 기존의 건축단열은 단열성능이 있는 동일한 물질을 일정 두께로 만들어 단열재로 적용해 왔다. 그래서 열전도율 값을 측정한 후 열관류율로 환산하는 방법을 사용해 왔다. 열전도율은 측정하는 방법도 매우 간단하기에 널리 사용되어 온 방법이다. 그러나 기후위기 시대가 되면서 고성능의 단열재가 요구되고 있기에 기존 물질 자체만의 성능으로는 한계에 와 있는 것이 현실이다. 그래서 여러 가지 물질들이 복합되는 복합단열재가 출현하였고 앞으로 더욱 발전할 것 같다. 다만 이 경우는 열전도율 값으로 판정하는 것이 아니라 열관류율 값으로 판정한다는 것을 알고 있어야 한다. 동일한 물질이 아닌 복합물질 구성체이기 때문이다. 이 경우는 반드시 시험성적서를 통해서 상황별 열관류율 성능을 확인하는 습관이 필요하다.

또한 최종 단열성능은 열저항을 더하여 구해지는 것이다. 열관류율은 열저항의 역수이기에 단순하게 더할 수 없다. 간혹 열관류율을 정수와 같은 방법으로 더하여 단열성능을 주장하는 사람을 만나거든 더 이상 상종하지 말아야 한다. 무지하거나 부정한 사람일 가능성이 높다. 이외에도 화재안전을 위한 소방성능을 요구하는 것이 현실이다. 단열재는 안전과 에너지 절약을 위한 가장 중요한 자재이기 때문이다.

다음은 창문에 대해서 생각해 보자. 창문은 주택 외관의 조형적인 역할은 물론 외부조망을 가능하게 하며, 사물의 진출입 기능과 외부 온도를 차단하는 역할과 빛에너지를 투과시키는 역할을 한다. 이 중 온도 차단과 빛에너지 투과에 대해서 살펴보겠다.

먼저 외부 온도 차단은 벽체의 단열 역할과 같다. 다만 유리의 재료 특성상 단열의 효과가 낮기 때문에 단순한 유리창으로는 필요한 성능을 만족시킬 수 없다. 그래서 2장의 유리를 겹치는 복층유리가 사용되었고 상황에 따라서는 복층유리를 2중으로 사용하는 이중창문이 사용되고 있으며 그것도 부족하다고 판단하여 3장의 유리를 붙이는 3복층 유리가 사용되기도 한다. 유리와 유리 사이에는 일정한 간격을 띄우고 그 안에 단열성능을 더욱 높일 수 있는 가스를 주입하기도 한다. 복층유리를 2중창으로 사용하는 경우는 보통 미닫이 창문에서 많이 나타나는 현상으로 외부창문과 내부창문으로 구성되는 방식이다. 반면 3복층 유리는 벽체보다는 부족하지만 창문으로써는 어느 정도 단열성능을 충족한다고 생각하여 1중 창문을 형성하는 경우가 많고 여닫이 방식으로 압착하여 눌러 닫아서 기밀성을 높이는 방식이 많이 사용된다. 단열 성능만으로는 평균적으로 3복층 유리를 사용하는 방식이 더 좋다고 알려져 있다. 가격도 제작 방법상 일반적으로 3복층 유리창이 더 비싼 것으로 알려져 있다. 그런데 과연 이것이 맞을까? 당장 문이 닫혔을 때는 3복층 유리창이 단열과 기밀성능이 더 높을 수 있다고 하지만 봄,여름,가을,겨울 4계절 동안 인간들은 창문을 그저 기밀하게 사용하는데 머물러 있을까? 추위와 더위 사이에는 다양한 외부 온도변화가 이루어지고 있는데 그에 따른 창문의 개폐

정도를 조절하려는 시도들이 있지 않을까? 두꺼운 옷 한 벌을 입는 것 보다는 얇은 옷 여러 벌을 입는 것이 건강에 더 좋다는 상식적인 믿음이 있다. 단순한 성능데이터 값으로 주거공간을 만들 것이 아니라 사람들의 다양한 생활을 고려하는 공간구성 방법을 따르는 것이 맞다. 그런 차원에서 복층유리로 구성된 미닫이 방식의 2중 창문을 사용할지 3복층 압착식 여닫이 시스템 창호를 사용할지를 고민해 봐야 한다.

유리창문을 통해서 빛에너지가 투과되는 경우는 조금 더 복잡하다. 이것은 열에너지 전달방식 중 복사에너지에 관련된 부분이다. 즉, 유리창문은 투명하기에 복사에너지가 차단되지 않고 모두 실내로 전달된다. 여름철에 이러한 현상이 발생하면 실내가 더워지는 것은 당연한 일로써 냉방부하를 증가시킨다. 이때 간단히 해결하는 방법이 있다. 자동차 유리에 썬팅하듯이 유리창문에 색을 넣어 어둡게 처리하는 것이다. 그러나 이것은 오히려 더 큰 문제를 일으킨다. 외부조망이 나빠지는 것은 물론 실내가 어두워지기 때문에 조명에너지가 증가하고 겨울철에는 외부 빛이 들어오는 것을 막는다. 빛에너지를 통한 복사열은 여름철에는 막아야 하지만 겨울철에는 통과시켜야 난방에너지를 절약할 수 있기 때문이다. 결국 해결방법은 계절별로 빛에너지의 유입을 조절하는 가변식 방식을 적용해야 한다.

빛에너지를 조절하는 가변식 방법은 처마나 차양 또는 외부 덧문이나 블라인드 방식 등을 생각할 수 있다. 처마나 차양 또는 외부덧문은 일반적으로 외부에 고정된 돌출형상으로 외관디자인 상 문제가 없다면 가장 바람직한 방법일 수 있다. 그러나 돌출 깊이가 너무 깊다거나 고정된 형상이 외관상 어울리지 않을 경우도 있어 다른 방법인 블라인드 방식에 대해서도 생각해 두어야 한다.

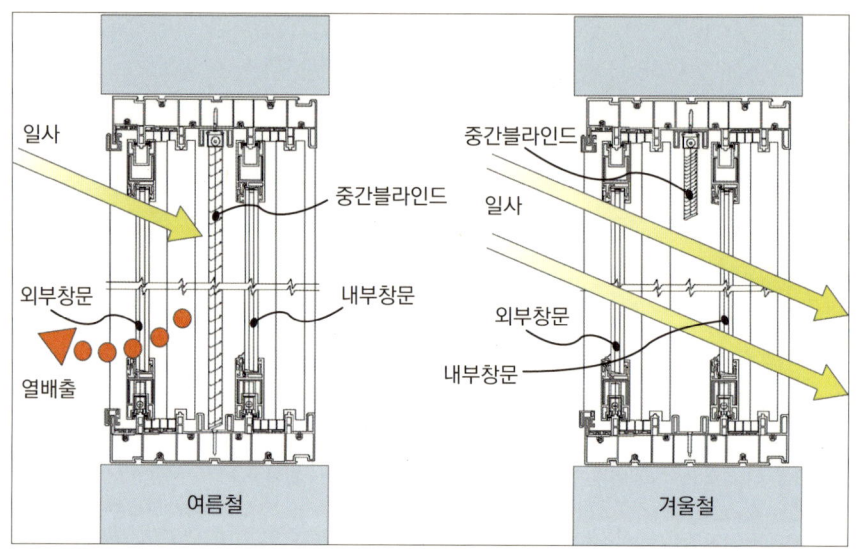

[그림 14-3] 중간 블라인드

  블라인드는 외부에 설치하는 경우와 이중 창문 사이에 설치하는 중간 블라인드 그리고 실내에 설치하는 내부블라인드 방식이 있다. 그 중 외부 블라인드가 빛에너지를 차단하는 성능으로는 가장 좋다. 그러나 블라인드 조절을 위해 외부를 오가는 불편함이 있고 때로는 사람이 직접 작동시키지 못할 경우도 있다. 그러다 보니 전자동 방식을 택하게 되는데 아쉬운 것은 설치비용이 높은 것과 유지관리 차원에서도 신경 써야 할 부분이 많다. 물론 돈과 기술이 적용되면 해결될 부분이다. 반면 중간블라인드 방식은 외부 블라인드에 비교해서 빛에너지를 차단하는 성능이 조금은 떨어지지만 내부 블라인드보다는 좋은 중간정도의 성능을 기대할 수 있다. 이때는 창문을 열고 닫는 과정에서 거주자가 직접 작동할 수 있으며 설치비용도 매우 저렴하고 유지관리도 쉽다. 다만 여름철에 빛을 통한 복사에너지가 부딪혀

2중 창문 사이에 열이 발생하고 그 열을 배출하기 위해서는 환경원리에 대한 이해와 외부창문을 조금 열어 두는 작은 노력이 필요하다. 마지막으로 내부 블라인드는 빛에너지를 차단하는 효과가 거의 없다고 판단하고 있다. 이 경우는 에너지 절약보다는 인테리어 측면이나 프라이버시 보호 차원으로 판단함이 맞다.

열에너지 전달방식이라는 간단한 환경원리 이해만으로도 창문에 대한 생각을 다시 해 볼 수 있다. 기밀한 3복층 유리창문에 외부 전동 블라인드를 사용하며 비싼 가격을 지불할 것인지, 비용이 훨씬 저렴한 미닫이 이중창문과 중간블라인드를 적용하면서 환경의 변화에 적응하는 사람이 되어 갈 것인지 결정하여야 한다. 친환경주택은 비쌀 이유도 없지만 그보다 더 중요한 것은 인간이 환경을 이해하고 개선하는 노력을 하도록 도와주는 것이다.

15장 건축재료에 대한 이해

환경의 흐름을 따르면 하자발생이 적고 유지관리가 쉽다.

우리가 건축재료 또는 건축자재라고 부르는 것 들은 최초의 순수한 자원상태에서부터 시작해서 몇 단계의 가공을 거쳐 최종적으로 건축물에 적용된다. 어떤 경우는 자원상태에서 사용하기도 하고 어떤 것은 가공을 거친 다음에 사용되기도 한다. 건축재료의 단계별 상태에 대한 명칭을 생각해 보겠다. 첫 번째 단계는 자원이다. 이것을 일정 부분 가공하여 재료로 만들고 재료는 보다 목적에 맞게 구체적으로 형상화 시키는 가공을 하여 건축자재로 만든다. 이 건축자재를 결합하여 바닥이나 벽, 천청과 같은 특정 부위가 만들어지고 이러한 부위들이 결합하여 방이나 거실과 같은 단위공간들이 되며 최종적으로 단위공간들이 결합하여 건축공간과 배치환경을 만든다. 이러한 건축재료들은 자원을 채취하는 과정에서 환경에 부담을 주기도 하고, 어떤 재료들은 가공을 거치는 단계에서, 또 어떤 재료들은 조합하는 단계에서, 어떤 재료들은 사용하는 단계에서, 또 어떤 재료들은 폐기되는 단계에서 환경에 부담을 주기도 한다. 이번 글에서는 건축재료의 사용에 있어 환경에 부담을 주지 않은 재료의 선택이나 사용방법 등에 대해서 생각해 보려 한다.

건축재료는 크게 구조재, 지붕재를 포함한 외장재, 내장재, 마감재, 단열재, 방수재, 창호재, 욕실과 주방 등을 포함한 기계, 전기, 소방 등의 설비재,

가구재, 조경토목재, 기타 등으로 편의상 나눌 수 있으며 환경 및 인간의 건강과 안전에 크게 관련될 몇 가지 항목만을 중심으로 생각해 보겠다.

먼저 주택에서의 구조재로는 철근콘크리트와 목구조 그리고 스틸하우스 등의 경량철골조를 생각해 볼 수 있다. 결론적으로 말해서 어느 것이 좋다 나쁘다 말할 수는 없다. 다만 상황에 맞는 판단이 있기를 바랄 뿐이다. 내재에너지라는 것이 있다. 어떠한 건축재료를 만들 때 투입되는 에너지의 총량을 말하는 것으로 내재에너지가 적을수록 친환경적이다. 이 중 철근콘크리트와 경량 철골조는 내재에너지가 많다. 지구환경에 대단히 미안한 재료이다. 그런데 경량 철골조는 재활용성이 높기 때문에 장단점이 동시에 언급되는 재료이다. 이들에 비하면 목재가 가장 내재에너지가 적다. 환경에 미안하지 않은 재료가 될 수 있다. 그렇다면 철근콘크리트가 가장 나쁜 재료일까? 가장 오래, 안정적으로 건축물을 유지할 수 있다는 장수명건축 차원에서는 어쩌면 철근콘크리트가 가장 좋을 수도 있다. 또한 가장 대중적으로 산업화된 것도 철근콘크리트 방식으로 그에 따른 여러 가지 장점이 있다. 구조재에 관한 한 특정재료를 일방적으로 옹호하거나 배척하기는 현실적인 측면에서 어려움이 있다. 방금 언급한 내용 이외에 추가로 고려할 사항들도 있다. 실제 적용단계에서는 보다 심도있는 검토로 결정하기를 바란다.

외장재로도 가능하지만 실제로는 내장재 겸 마감재로 적용하면 좋겠다고 생각하는 재료가 흙이다. 내재에너지 측면에서도 흙은 가장 적은 에너지를 요구하고 있다. 다른 재료를 대신해서 흙을 사용한다는 것은 그만큼 지구환경에 도움이 된다는 것이다. 그리고 또 한가지 흙은 인간을 건강하게 만든다. 아마도 우리가 사용하는 건축재료 중에서 가장 친환경적인 재료일 수 있다. 주변에 널린 것이 흙이기에 재료자원의 량도 풍부하고 구하기도 쉽다. 이 흙에 있어서 현실적인 문제는 있는지, 흙의 특징과 적용할 수 있는 방법은 무엇인지, 우리가 흙을 건축재료로 사용하면 얻을 수 있는 혜택은 무엇인지 등에 대해서 생각해 보겠다.

흙은 재료의 조직구성 자체가 많은 공기구멍을 갖고 있는 다공질로 되어 있다. 조직의 구성이 너무 빽빽하게 치밀해서 공기의 소통을 차단하는 철이나 시멘트와는 완전히 다르다. 그러다 보니 실내에 습도가 많은 경우에는 흙이 습도를 빨아들인다. 반대로 건조한 상태가 되면 흙 속에 있던 습도가 역으로 배출되는 현상을 보인다. 이것을 사람들은 흙이 숨 쉰다고 말하는 것이다. 마치 인간이 자연스럽게 숨을 쉬듯이 흙은 우리의 생활공간을 자연스럽게 숨쉬게 만들어 주고 있다. 간혹 흙이 숨 쉰다는 평범한 말을 외부와 내부 사이로 공기가 소통하는 것으로 오해하는 경우가 있는데 정확한 의미는 습도조절의 기능을 체감적으로 느껴서 표현한 것이다. 이러한 작용의 결과로 실내 공기질이 좋아지고 아토피와 같은 많은 원인불명의 질환들이 치료되었다는 이야기를 심심치 않게 듣게 된다.

원적외선 방출량도 여타의 재료에 비해서 많은 것이 과학적으로 증명되어 있다. 시멘트의 경우는 원적외선 방출량이 60% 정도가 되지만 흙은 95% 전후가 된다고 한다. 원적외선 효과는 적정체온을 유지시켜 근육의 피로를 풀어주고, 인체의 성장을 촉진하며 인체 내의 혈액순환을 활성화 하는 것 이외에도 적정 수분 유지와 노폐물 배출, 각종 영양의 분해 효과 등이 언급되고 있다. 상황에 따라 효과의 차이는 있겠지만 긍정적인 부분인 것임은 확실하다.

또한 흙은 열을 저장하는 능력인 축열성능이 뛰어나서 건축공간에 매우 효과적으로 사용된다. 이미 구들장 온돌에서 적용되고 있지만 다른 여러 곳에서 흙을 이용한 축열 계획을 한다면 에너지 절약은 물론 온화한 열환경을 구성하는 데 큰 도움이 될 것이다.

 이외에도 흙은 다공질 물질이기에 소리를 흡수하는 능력이 뛰어나서 방음성능이 높은 것으로 알려져 있으며, 전자파 차단능력이 좋은 것으로 연구결과가 나타나고 있다. 간혹 모든 광물질에서 발생하는 라돈가스를 걱정하는 분들이 계시지만 환기가 안되는 완전히 밀폐된 공간이 아니라면 전혀 문제되지 않는다는 것이 국내 최고 흙 전문가의 말이다. 이런 측면에서 보면 해와 바람을 이용한 자연환기형 친환경주택이 제 격인 것이 맞다.

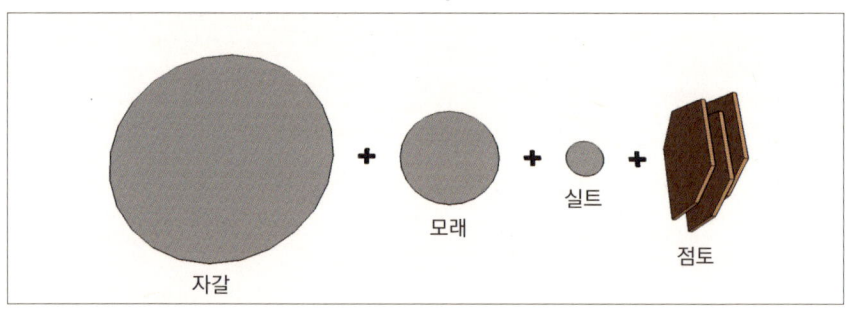

[그림 15-1] 흙의 구성성분

 그렇다면 이 흙을 어떻게 우리의 주택에 적용할 수 있을까? 일단 기본적인 흙의 공법에 대해서 간단하게 알아보고 그 중에서 현실적인 방법을 제안해 보겠다. 첫 번째는 흙을 밀가루 반죽처럼 비벼 뭉쳐서 그대로 벽을 쌓아 올리는 방법이다. 아무런 도구도 필요없고 특별한 기술도 필요없다. 너무 간단하지만 그만큼 한계가 많을 수 있다. 두 번째는 흙을 벽돌모양으로 만들어서 쌓아 올리는 방법으로 벽돌을 쌓는 조적방식이라고 생각하면 된다. 공법상 가장 많이 알려져 있기에 흙집 짓기에서 많이 사용되기도 한다. 그러나 현장에서 사용되는 흙벽돌의 두께가 다소 두꺼워 다양한 건축적 적용에 한계가 있지 않을까 염려되기도 한다. 세 번째는 흙을 부어 넣고 한 켜 한 켜 다져서 벽을 만드는 흙다짐이 있고, 네 번째로 흙에 물을 많이 넣고 콘크리트 레미콘처럼 부어 벽체를 타설하는 방법이 있다. 마지막으로 다섯 번째는 흙미장이다. 말 그대로 흙 반죽을 벽면에 바르는 방식이다. 흙을 이용하는 방식 중에서 가장 간단하다. 이 간단한 흙미장이 현대 주택을 만드는데 있어 가장 적합한 흙 사용법이 되지 않을까 생각한다. 일단 공사방법이 간단하기 때문이다. 일반 몰탈을 미장하듯이 바르면 되기 때문에 흙공사가 간단할 뿐더러 흙의 물량도 많지 않을 수 있고 흙벽돌과 같이 두께가 두꺼워지는 부담도 없다. 문제는 흙의 효과인데 흙미장 두께 약 1.5~2cm 정도면 정통 흙집효과의 80% 정도를 얻어 낼 수 있다고 한다. 주택 구조를 철근콘크리트로 하던 목구조로 하던 스틸하우스로 하던 상관없이 얇은 두께의 흙미장으로 흙집의 효과를 얻을 수 있으며 간단히 한지로 도배하거나 아니면 별도의 도배없이 흙벽 자체를 노출시켜 경제성도 얻고 미학적인 효과도 얻을 수 있는 여러 장점을 취할 수 있다.

물론 기존 경험상 흙의 단점도 있다. 흙 속의 수분이 증발하면서 표면이 갈라진다는 것이다. 이는 흙의 구성성분 자체적인 특성 때문이다. 흙은 큰 모래인 자갈과 모래 그리고 분말처럼 작은 실트라는 성분에 형상이 다른 판형의 점토로 구성되어 있는데 이 중 실트가 너무 작아서 빠져나가며 그 사이가 갈라지는 것이다. 그러나 이미 이러한 원인을 알고 있기에 처방전도 많이 준비되어 있다. 모래를 첨가하여 실트가 빠져 나간 공극을 메우는 방법이 있고 마와 같은 섬유질을 첨가하여 흙의 결속력을 높이는 방법도 있다. 막상 흙을 적용하기 위해 전문가를 찾는다면 매우 훌륭한 답을 얻을 수 있는 상황이다. 지구환경에 좋고 건강에도 좋은 흙의 사용을 다시 한번 더 추천해 본다.

다음은 물 사용을 위한 건축자재들에 대해서 살펴보자. 당연히 물은 공기만큼 중요하다는 것을 알고 있다. 이러한 소중한 물이 그동안 부족한 건축자재의 기술력 때문에 너무도 안타깝게 낭비되어 왔었다. 가장 대표적인 것이 화장실의 양변기이다. 불과 2010년대 중후반까지만 해도 건축에 사용되었던 양변기의 1회 물사용량이 약12~16L에 달했다. 2L 패트병 6~8개의 물을 1회에 배출한 것이다. 그 결과 지구 물사용량의 30% 가까이를 양변기 물로 배출해 버렸다. 너무도 충격적인 내용이라서 현재는 법적인 제한을 가하여 사용량이 6L이하인 절수형 양변기를 사용하고 있다. 문제는 이 용량도 결코 적지 않은 것이며 때때로 아직도 제한 용량을 초과하는 양변기들이 사용되고 있다는 점이다. 양변기 이외에도 수도꼭지나 샤워기 등도 절수형인지 확인해 봐야 한다. 석유, 석탄 등의 에너지만 신경 쓸 것이 아니라 물의 소중함도 반드시 명심하고 있어야 한다.

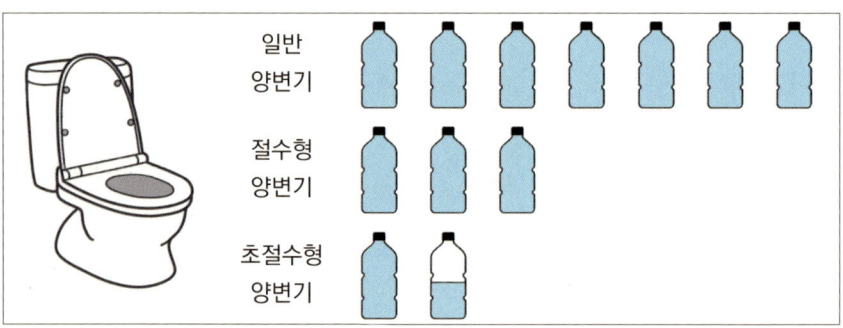

[그림 15-2] 양변기 1회 물사용량

또 하나 인류의 생존을 위해 우리 스스로 자정하고 노력해서 퇴출시켜야 하는 건축자재 품목이 있다. 심각하게 수질을 오염시키는 일부 가정용 음식물 쓰레기 처리기에 대한 것이다. 처리방식은 여러 종류가 있다. 그 중 심각한 것은 단순히 음식물 쓰레기를 분쇄해서 하수도로 흘려 보내는 방식이다. 가정에서는 음식물 쓰레기를 버리는 불편함이 사라지게 되니 좋을 수 있다. 그런데 생각해 보자. 음식물 쓰레기를 분쇄하여 하수도에 그냥 배출하면 어떻게 되겠는가? 분쇄된 각종 유기물이 곱게 사라져갈 것인가? 썩고 부패하여 심각한 환경문제를 일으킬 것은 너무도 뻔한 일이 아닌가? 그렇게 썩어 들어간 물을 인간이 다시 사용하려면 얼마나 많은 자원을 소비해야 할지 생각해 보아야 한다. 지금 편리한 방식이 우리의 자녀들에게 인간이 살아갈 수 없는 세상을 만들어 주고 있다는 생각을 해보아야 한다. 만일 지금 단순 분쇄형 음식물 쓰레기 처리기를 사용하고 있다면 반드시 재고해야 한다. 최소 80~90% 이상의 분쇄물이 걸러져서 별도로 처리되고 있는지, 또한 사전처리 시설이 갖추어져 있으며 오수종말처리장 시설이 갖추어진 지역인지 등이 아니면 당장 멈추어야 한다. 더불어 각종 생활쓰레기들에 대해서도 관심을 갖고 처리해야 한다. 부모된 입장에서 자녀들의 미래가 불행해 질 수 있는 환경을 만드는데 기여할 수는 없는 일이 아닌가?

이외에도 주택을 신축하는 과정에서 절대로 돈을 아끼지 말아야 하는 것은 단열과 방수부분이다. 단열은 앞서 설명하였지만 실무적인 부분에서 한 가지를 더 추가하려 한다. 바로 기초 바닥에 대한 단열이다. 흔히들 단열을 벽체에만 잘하면 되는 줄 잘못 알고 있었다. 지금은 인식이 바뀌면서 지붕단열에 대한 소중함을 더욱 크게 깨달아 가고 있지만 아직도 벽체는 외단열로 하고 지붕은 내단열로 하는 경우도 많다. 하물며 기초단열에 대해서는 더욱 잘못된 인식이 많다. 다행히 기초단열을 하는 경우가 늘고 있지만 여기서 건축재료의 특성을 잘못 이해해서 발생하는 문제들이 있다. 건축자재는 복합성능들을 갖고 있다는 점이다. 즉, 적용부위에 맞는 복합적인 성능을 종합적으로 판단해야 하는 것이다. 예를 들어서 기초부분을 단열성능만 고려한다면 뜻밖의 문제가 발생할 수 있다. 만일 기초에 적용한 단열재가 수분을 흡수하는 성질이 있다면 기초단열은 장기적으로 많은 수분을 함유하게 되고 결국은 단열성능이 사라지며 단열재의 부식현상이 생긴다. 이렇게 될 경우는 단열재가 기초부분에서 버텨야 하는 압축능력도 사라진다. 자칫 잘못하면 기초바닥과 땅 사이에 건축물의 압축하중을 버틸 수 없는 부실한 단열재로 변질하고 결국은 빈 공간이 생길 수도 있다. 기초의 부동침하와 같은 구조적 하자가 생길 위험이 있다는 것이다. 건축자재를 적용할 때는 반드시 복합성능을 고려해서 적재적소에 적용해야 함을 명심해야 한다.

방수재 역시 장수명 건축에서 필수적인 검토항목이다. 실내에서는 화장실과 같이 물을 사용하는 곳에 적용하지만 외부에는 지붕과 지하층 등에 매우 신중하게 검토해서 적용해야 한다. 그런데 이러한 자재는 시간이 경과하면 경화되거나 기타 현상으로 성능이 저하된다. 그래서 반드시 일정기간마다 유지관리와 재시공을 해줘야 한다. 이때 이러한 유지관리의 노력을 줄이는 방법이 있다. 바로 건축물의 형태를 단순히 미학적인 관점에서만 볼 것이 아니라 환경과 조화하는 방식을 검토하는 것이다. 지붕의 경우에 경사지붕을 취하는 이유 중 하나는 방수하자를 줄일 수 있다는 것이다. 이와 더불어 자신의 대지 안에 들어온 빗물을 슬기롭게 자연으로 돌려보내는 처리방법 등 환경과 공존하기 위해 고려해야 할 내용들이 다양하게 있음을 기억하면 좋겠다.

건축재료를 단순히 기술제품 중의 하나라고만 바라보면 안된다. 복합성능을 갖고 있기에 어떠한 경우에 보다 좋은 시너지 효과가 나는지, 아니면 반대의 경우가 나타나는지 고민하며 적용해야 한다. 또한 건축자재의 사용목적이 환경의 원리에 순응하고 있는지 검토해야 한다. 환경의 흐름에 따르고 있으면 하자발생이 적고 유지관리가 쉽다. 친환경주택은 전혀 새로운 것을 해야만 하는 것은 아니다. 자연환경의 원리를 이해하고 따르는데서 부터 친환경주택은 시작된다.

16장 주택의 표준화와 지식재산권

주택의 패턴화와 조화 및 통일감

인류 역사상 그 오랜 시간을 우리는 단독주택에서 살아왔다. 그러던 것이 불과 몇 십 년 만에 우리들 거의 모두는 공동주택에 살고 있다. 직업을 찾아서 도시로 모여들고 그 곳에서 공동주택을 짓고 살게 되었다. 물론 일부는 단독주택에 살고 있지만 실상 그 주거형태의 내면을 들여다보면 주택의 외형만 다를 뿐 살림채의 형식만 빌어서 살고 있는 사실상의 공동주택과 다르지 않은 것을 많이 보게 된다. 우리는 이미 초연결 지식정보화 사회에 살고 있고 개인의 프라이버시를 중요하게 여기는 주택 구조를 원하고 있으며 사회적 활동에 따른 이동의 자유를 필요로 하는 현실에서 공동주택이라는 주거양식이 그리 나쁘지 않다고 느끼는 것 같다. 그러면서도 어딘가 부족함을 느낀다. 근본적으로 공동주택은 개인의 개성을 충분히 살려줄 수 없는 한계를 갖고 있기 때문이다. 밀집된 형태의 공동주거형태에서 나타나는 스트레스와 피로감을 벗어나고 싶은 바램도 있을 수 있다. 인공적인 도시에서 벗어나 자연 속에서 건강한 삶을 살고 싶은 희망이 있을 수도 있다. 그러한 희망 속에 고향으로 돌아가듯 단독주택을 찾게 되는 것 같다. 삶의 형태는 이미 공동주택에 익숙해져 있으면서도 자연 속에서 개인의 개성을 찾고 싶은 마음으로 단독주택을 찾는 것 같다. 즉, 이러한 변화에 맞는 새로운 형태의 단독주택이 요구되고 있다.

그러나 새로운 삶의 형태에 맞는 제대로 된 단독주택 정보가 없다면 자칫 복잡한 도시에서 벗어나 자연 속에 집을 짓는다는 기대만으로 과도한 꿈과 희망을 품을 수도 있다. 소위 단독주택에 대한 로망 속에서 현실적인 삶과 동떨어진 주택을 짓기도 한다. 아주 흔한 예로써 필요 이상의 규모와 필요 이상의 형태디자인을 추구하다 엄청난 에너지 비용과 끊임없는 하자 발생으로 단독주택의 생지옥을 맛보고 있다는 이야기들을 종종 듣는다. 주택이란 가족의 생활을 반영하는 공간을 만들어 가는 것인데, 이러한 생활을 고려하지 않은 과도한 집을 짓는다는 것은 문제가 생길 수 있다. 그래서 변화된 현실을 다시 짚어보고 그에 맞는 단독주택을 짓는 방법에 대해서 생각해 보려 한다.

주택은 일반건축과 다르게 구분하여 생각해야 한다. 인간의 가장 기본적인 육체적 안전과 휴식을 제공해 주어야 하며 가장 편안한 마음으로 정신적인 재충전과 사회적 교류의 가능성을 만들어 줄 수 있는 곳은 집 밖에 없기 때문이다. 이 두가지 기능을 과거의 주택에서는 살림채와 부속채로 구분하여 제공했었다. 그러던 주택구성이 급속한 도시화에 따른 신속한 대량공급과 교환가치의 증가로 인해서 부속채의 기능이 사라진 상태다. 그렇다면 다시 부속채를 추가하는 방식으로 단독주택을 구성하면 되는 것일까? 그렇지 않을 수 있다. 이미 우리는 집에서의 사회적 교류방식으로 정보화 시스템을 많이 이용하고 있다. 즉, 인간의 물리적 교류형태가 많이 변하였고 집이란 가족 중심의 공간으로 변했다. 이러한 상태에서 별도의 부속채를 구성하기 보다는 살림채의 공간 속에 좀 더 다양한 가능성을 지니는 다목적공간들을 제공해 주는 것이 훨씬 효과적일 수 있다는 판단이다. 물론 가족의 생활형태에 따라 꼭 부속채의 형식이 필요할 경우도 있다. 손님들의 방문이 많다거나 특정한 목적의 작업을 위해서 별도의 공간이 필요한 경우는 부속채를 구성함이 맞다.

그렇지 않은 대부분의 주택은 이제 새로워진 형태의 살림채를 구성하는 방식이 현실적인 모습이라고 생각한다.

이미 현대인들의 삶은 특정지역에 정착하는 것이 아닌 거주이전이 빈번히 발생하고 있음을 인정해야 한다. 물론 단독주택을 짓는 것은 한 곳에 정착하려는 의지가 강한 것이지만 현실적인 여건상 생활지역을 바꿀 수 있다. 그렇기에 가족들만을 위한 소중한 단독주택의 가치를 지니면서도 주택의 교환가치를 유지하고 있는 것도 나쁘지 않다고 생각한다. 또한 이웃이 없이 한 가족만의 고립된 삶을 살아가는 형태가 아니라면 주변과 조화를 이루는 공간구성과 형태가 바람직하다. 이를 통일감이라 한다. 개인적인 욕심은 주변과 다른 독특한 형태를 원할 수 있으나 이는 자칫 주변과의 조화를 깨는 결과를 만들 수 있다. 단독주택이 모여 있는 마을에서 천당과 지옥이 있다고 한다. 그것은 바로 이웃과의 관계이며 서로 어울리는 이웃이 있을 경우는 천당이며 개인주의가 만연하여 어울리지 않는 이웃과 함께 산다면 지옥이라 한다. 주택이 일반건축과 다른 것은 바로 이러한 이웃과의 조화와 통일감을 특히 더 요구하기 때문이기도 하다. 우리의 전통 한옥마을을 세밀히 들여다보자. 어느 집이 자신을 드러내려 남과 다른 행태를 만들어 자랑하고 있는가? 규모가 서로 조금씩 다를 수는 있으나 각각의 집들은 거의 같은 모양이다. 한옥마을에서 아름다움을 느끼는 이유는 바로 조화와 통일감에 있기 때문이다.

살림채 고유의 특징과 함께 부속채의 정신적 재충전의 공간 역할을 할 수 있는 다목적 공간들이 구성되어 있으며 교환가치가 있는 주택으로 주변이웃과 통일감 있게 조화를 이루는 집을 구성하기 위해서는 공간구성에 어떤 공통된 원칙이 있으면 좋다. 이것을 패턴이라 할 수 있다. 패턴이란 반복되어 나타나는 일정한 형태나 유형 등을 말하는 것으로 주택에서의 공간구성에 있어 몇 가지 중요한 핵심적인 요소를 일정한 형태로 만들어 반복적으로 적용해 보는 것이다. '해와 바람의 친환경주택' 평면구성에서는 현관아트리움과 다목적실에 실내거실과 주방 및 식당을 하나의 중심 패턴으로 구성하고 있다. 또한 다음 글에서 다시 설명할 내용이지만 다목적실 외부에 형성되는 준외부공간도 패턴공간으로 구성하였다. 입면 형태적인 측면은 햇빛을 이용하기 위한 현관아트리움의 돌출된 형태와 자연현상에 순응하는 경사지붕을 패턴화 시켰다. 이러한 패턴 공간 및 형태 이외의 공간들에 대해서는 거주자의 다양한 생활형태에 맞추어 중심 패턴공간 옆에 추가하는 방식을 취한다.

패턴-A	패턴-B	패턴-C	패턴-D
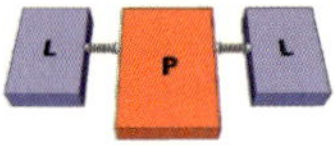 L P L	 P L	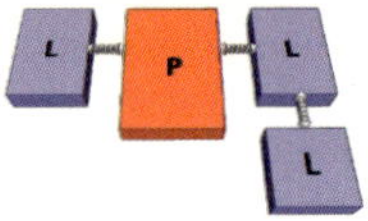 L P L L	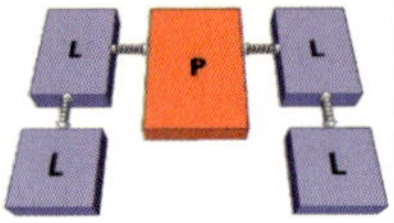 L P L L

※ P : 패턴공간　　※ L : 생활공간

[그림 16-1] 패턴공간

주택의 패턴화란 결국 표준주택을 위한 첫 출발점이다. 혹자는 표준주택을 개인의 취향이 담기지 않은 똑같은 집이라 평가하는 경우가 있지만 이는 주택의 의미를 잘못 알고 있는 것이다. 지금까지 여러 차례 말했지만 주택은 외관의 형태적 조형이 위주가 되는 것이 아니라 살기 좋은 공간을 만드는 것이 중요한 것이며 주변 이웃과 조화로운 형태적 통일감을 이루는 상태에서 각자의 생활 흔적이 담기는 집을 만들어 가는 것이다. 특히 해와 바람의 원리가 적용되는 집의 형태란 각자의 위치나 방향에 따라 다르게 나타날 수 있으며, 실내정원을 가꾸어 가는 것과 같이 그 집에 담아가는 생활의 흔적도

각자가 다르게 나타난다. 나 혼자 눈에 띄는 형태가 아니라 이웃과 같으면서도 은은하게 다른 생활의 모습들을 보이는 집들로 구성된 마을에서 진정한 조화와 통일감을 느낄 수 있을 것이다.

표준주택이 갖고 있는 장점이 많다. 그 중 가장 큰 장점으로 시간과 비용을 절약할 수 있다. 첫째 설계비를 절약할 수 있다. 주택설계비는 공사비의 일정비율로 정하는 일반적인 설계비 산정방식과 달리 해당 프로젝트 건당 비용으로 정하기도 한다. 그만큼 주택설계가 어렵기 때문에 생긴 방식이다. 간혹 주택설계를 너무나 쉽게 작업하고 그에 따라 너무도 헐값 설계비로 진행하는 건축인들도 있으나 주택에 대한 이해와 설계품질 등의 완성도에 대한 생각이 있다면 결코 진행할 수 없는 방법이다. 그러나 표준주택 방식에서는 몇 가지 중요한 내용이 미리 정해지기에 그만큼 설계비용을 줄일 수 있다. 또한 설계비 이외에도 설계의 품질이 월등히 좋아질 수 있다. 핵심공간이 패턴화 된다는 것은 그 공간에 대한 지속적인 발전이 이루어지고 있다는 의미도 있다. 건축의 시작 단계에서 설계가 가장 중요한 일임은 모두가 알고 있다. 주택에 대한 개념설정에서부터 초기 단계에서의 예측 가능한 공간구성, 상세도 작성 등 모든 부분에서 발전된 모습을 보일 수 있는 것이 표준주택의 장점이다. 특히 여러 채의 주택이 동시에 건설되는 경우는 공사비 절감에도 탁월한 장점을 발휘할 수 있다. 각각의 주택마다 서로 다른 방식의 건설이 이루어진다면 공사비가 상승하는 것은 너무도 당연하다. 그러나 핵심 패턴공간이 있는 경우에는 시간절약은 물론 공사계획 및 방법, 건축자재의 공급 등에서 많은 이득을 취할 수 있다. 물론 한 채의 집을 짓는 경우에도 핵심공간에 대한 이해만 되어 있다면 전체 공사계획을 세우는데 커다란 장점으로 작용할 수 있다. 공사의 품질이 좋아질 것도 당연하다. 인간의 다양한 생활방식을 충분히 고려한 공간구성이면서 시간을 절약할 수 있고 비용을 절약할 수 있는 주택이면서 동시에 친환경주택인 것이 '해와 바람의 친환경주택'이다.

다음은 좋은 주택을 만들고자 하는 수많은 노력과 고민의 시간들이 무의미하게 복제되는 것을 방지할 필요성에 대해서 말하고자 한다. 특허나 저작권 등 지식재산권에 대해서 생각하고 있어야 한다는 뜻이다. 지식재산권이란 인간의 정신적 창작물에 대해서 일정한 권리를 부여하는 것이다. 문학과 예술 및 과학적 저작물, 공연자의 공연, 음반 및 방송, 인간노력에 의한 모든 분야에서의 발명, 과학적 발견, 의장, 상표, 상호 및 산업, 과학, 문학 또는 예술분야의 지적활동에서 발생하는 모든 권리가 전세계적으로 법적 보호를 받고 있다. 만일 이러한 권리보호가 없다면 새로운 창작은 없을 것이며 보다 나은 세상으로의 발전도 없을 것이다. 이러한 지식재산권 보호는 당연히 건축에서도 적용된다. 건축설계의 가치란 설계도면 몇 장이라는 생각으로는 판정할 수 없는 것으로 그 도면이 만들어지기까지의 수많은 고민과 노력 그리고 시행착오를 거치면서 창작성 있는 결과물로 표현되어 지는 것으로 그 가치에 대한 권리를 보호해 주는 것이다. 이러한 가치는 도면으로 만들어지기까지의 노력에서부터 공사과정을 통해 추후 전개되는 생활공간에서의 삶의 모습을 구현하기 위한 노력까지 너무도 많은 것을 포함하고 있다. 세계 최초로 제안된 해와 바람을 이용한 현관 아트리움형 친환경주택을 만드는 주택설계 자체가 수많은 시간의 노력과 고통과 창작의 결과물인 것이다. 많은 건축설계들이 이렇게 이루어지고 있다. 이런 창작물을 허락도 얻지 않고 정당한 댓가 지불도 없이 타인이 무단으로 사용한다면 전세계적으로 인정하고 있는 법적인 권리를 침해하는 것이다.

특히 초연결 지식정보화사회라는 시대적인 상황으로 봤을 때도 지식재산권의 가치는 점점 중요해 지고 있다. 이제는 지식재산권에 대한 이해는 필수 상식이 된 상황이다. 간혹 의도치 않게 무심코 행한 일들이 타인의 지식재산권을 침해하여 법률적이고 재산상으로 큰 피해를 보았다는 이야기를 어렵지 않게 들을 수 있다. 건축에서는 이 부분을 좀 더 신경써야한다. 그 이유는 건축설계과정은 물론 건설과정이나 준공 후 건축물 존속기간 동안의 거주과정에서 건축은 모든 내용이 외부로 드러나기 때문이며 타인의 권리침해가 있을 경우에는 관련된 모두에게 책임이 돌아갈 수 있기 때문이다. 한 가지 예를 들어보겠다. 건축설계과정에서 타인의 지식재산권을 침해했다고 가정해보자. 이때의 타인에 대한 법적인 권리침해는 그 단계에서 해결이 되지 않는다면 건설단계에서도 불법 상황은 지속이 된다. 진짜 문제가 될 수 있는 내용은 아무런 내용도 모른 채 준공 후 입주하여 살고 있는 사람들도 타인의 권리를 침해한 결과가 된다는 것이다. 이때의 해결책이란 결국 누군가가 책임을 져야 한다. 만일 건축주 입장에서 이러한 상황을 맞게 되었다면 어떻게 해야 하는가? 그래서 혹시라도 이러한 불편한 일이 생기지 않도록 한가지 방법을 제안하려 한다. 최초 건축설계나 시공 계약과정에서 다음과 같은 문장이 추가되기를 권장한다. "특허나 저작권과 같은 지식재산권의 문제가 발생했을 시 '설계자' 또는 '시공자' 중 책임이 있는 측에서 전적으로 책임지고 배상한다."

17장   해와 바람의 친환경주택 공간구성과 기대

친환경주택은 선택이 아닌 필수적인 상황임을 알고 적용해야 하는 시대이다.

지금부터라도 새롭게 지어지는 모든 주택들은 친환경주택이어야 한다. 거창하게 지구환경을 위한다고 표현하지 않아도 된다. 그냥 자신과 가족의 건강과 안전을 위해서 친환경주택을 지어야 한다. 여름철과 겨울철의 냉난방에너지 절약만을 기대하는 것이 아니다. 친환경주택을 짓는 가장 큰 목적은 인간의 안전과 생존이다. 지구환경을 바꿔서 가족의 안전과 생존을 지키자는 거창한 뜻이 아니다. 조만간 닥칠 부정할 수 없는 환경재난에 대비하여 자신의 집을 근거지로 하여 극복해 가자는 것이다. 멋쟁이 집을 짓고 뽐내다가 복잡한 구조에서 부실하여 벽에 금이 가고 물이 샌다면 많은 수리비용이 들어가는 것은 물론 주택의 안전성을 크게 해치게 될 수도 있다. 어쩌면 냉난방 에너지를 구하지 못하게 될 수도 있다. 고갈되었거나 지나치게 가격이 상승했기 때문일 수도 있다. 어쩌면 어느 날인가는 밖으로 나가지 못하고 하루 종일 집안에만 있어야 할지도 모른다. 심각한 미세먼지로 도저히 밖에서는 숨을 쉴 수 없는 상황이 올 수도 있기 때문이다. 바이러스가 창궐하여 세계적인 전염병이 돌고 각종 유해환경으로 가득해서 집안으로 전파되는 것이 두려울 수도 있다. 신선한 공기로 숨 쉬고 푸르른 자연의 나무들을 보는 것이 영상 속에서나 볼 수 있는 것과 같은 상황이 오지 말라는 법이 없다. 미래에 대한 가정이 아니라 실제로 지금 서서히 벌어지고 있는 것을 우리는 이미 겪고 있지 않는가? 이것이 어느 순간 임계점을 넘어서면 우리는 도저히 인간적인 삶을 살 수 없는 위기를 맞게 될 것이다. 그러한 순간이 오기 전에 자신의 집을 통해 환경을 이해하고 환경에 적응해 가는 법을 배워두는 것이 좋겠다는 생각이다. 친환경주택을 통해서 에너지 위기를 비롯해서 각종 위험으로부터 가족들을 지킬 수 있는 방법을 찾아 갈 수 있기를 희망한다.

친환경주택은 형태디자인적인 측면에서 기본에 충실한 방향으로 디자인하는 것이 원칙이다. 각종 양념을 첨가한 음식 조리법이 아닌 순수한 재료의 맛을 느끼게 하는 건축설계법이다. 그렇기에 순수한 맛을 느낄 수 있는 경우에는 더없이 멋있는 집이다. 화려한 화장법의 형태디자인이 아니라 본질에 충실한 형태디자인인 것이다. 그래서 더욱 환경에 친화적일 수 있다. 본질에 충실하다는 것은 환경의 흐름에 순응하고 있다는 뜻이기 때문이다. 이러한 형태적 순수함에 공간적인 다양한 가변성과 환경친화성을 갖고 있는 것이 친환경주택이다. 기존의 일반적인 주택보다는 월등히 좋은 집이다. 이러한 친환경주택이 일반주택보다 비싸다는 생각도 동의할 수 없다. 어려운 시공상의 디테일을 풀어가며 완벽한 품질을 이루어야만 친환경주택이 된다면 그것은 현실적으로 옳은 방법이 아니다. 어떤 이는 경제적인 여유가 있어 고품질의 시공을 감당할 수 있지만 어떤 이는 최하 수준의 건축자재로 시공해야 하는 경제적 어려움이 있을 수도 있다. 이러한 현실적인 차이점으로 친환경주택의 선택권이 생기는 것이 아니라 적으면 적은 데로 또는 많으면 많은 데로 그에 맞는 친환경주택을 만들어야 한다. 소수를 위한 최고급의 친환경주택을 만드는 것 보다는 상황에 따라 조금은 부족한 부분이 생기더라도 다수를 위한 친환경주택을 만드는 것이 함께 살아가는 공동체를 형성하는데 오히려 도움이 될 것이며 지구환경을 위해서도 훨씬 좋은 일이다. '해와 바람의 친환경주택'은 이러한 개념에서 출발하였다. 누구는 고품질의 중목구조로 시공할 수 있고 또 다른 누구는 가장 저렴한 경량철골에 복합 샌드위치 판넬을 붙여 시공할 수도 있다. 이들 모두에게 적절한 친환경주택의 성능이 제공되기를 바라고 있다. 최소한 이들 모두에게 친환경주택의 공간구성과 현관아트리움의 사용법을 익히고 활용하게 하여 그 과정에서 환경과의 교류 및 적응력을 키워가도록 도울 수 있다. 스스로 환경에 적응하려는 의지와 노력만 있다면 냉난방에너지 문제 정도는 거뜬히 극복할 수 있다고 생각한다. 현관아트리움형 친환경주택은 이것을 할 수 있다.

그럼 지금부터는 앞서서 설명하였던 다양한 친환경적 요소들에 대한 내용들을 종합하고 일부 누락된 것들을 추가하여 '해와 바람의 친환경주택'에 대한 전체적인 공간구성에 대해서 설명하도록 하겠다.

남측의 현관 아트리움을 1차 핵심공간이라 부르겠다. 여기서 출발해서 현관 출입구의 반대쪽인 북측 미닫이 출입문 안쪽에는 다목적실이 있다. 이 공간은 앞서서도 잠깐 설명한 적이 있다. 가족들이 넓고 편안하게 식사하는 경우에는 식당이 되는 공간이다. 카페에서 백색소음을 들으며 공부하는 것을 좋아하는 사람이 있듯이 가족들이 함께 있다는 것을 느끼며 공부하고자 할 때는 공부방이 될 수 있다. 식탁에 넓게 자료를 펼쳐놓고 작업을 하는 작업실이 될 수도 있다. 외부 손님이 방문 온 경우는 이 곳에서 차를 마시며 대화를 나눌 수 있다. 가족들만의 공간인 거실이나 주방등과는 구조벽으로 일정부분 가려지기에 독립성을 유지할 수 있다. 응접실이 되는 것이다. 한편 아트리움의 좌우측 중 한쪽에는 거실이 형성된다. 거실에서 소파는 아트리움 측에 놓고 반대쪽 벽면에 TV등을 위한 장식장을 설치한다. 이는 소파에 앉아 아트리움과 소통하기 위해서다. 때로는 아트리움에서 거실의 TV를 볼 수도 있다. 이 거실의 반대쪽인 북측에 주방을 설치한다. 그리고 주방과 거실 사이에는 간이 식당을 겸할 수 있는 아일랜드식 주방을 설치한다. 결국 주방과 다목적실은 서로 좌우측에 인접하게 되고 그 사이에는 왕래가 가능하도록 통로폭 만큼 개방된 구조벽이 설치된다. 이렇게 현관 아트리움과 다목적실 그리고 거실과 주방을 포함해서 4개의 공간을 하나로 묶어 2차 핵심공간이라 부른다. 그리고 2차 핵심공간 좌우측으로 필요한 만큼의 침실과 화장실, 다용도실 등을 'ㅡ자형'이나 'ㄱ자형' 또는 'ㄷ자형' 등으로 배치하면 가장 기본적인 주택구성을 갖추게 된다.

그러나 이 상태에서 만족하는 것이 아니라 조금 더 고유한 공간구성을 만들고자 한다. 출발점은 다목적실의 북측에 창을 설치하는 방법에서 시작한다. 북측의 겨울철 차가운 바람을 막기 위해서는 작은 창문을 설치함이 맞다. 그런데 다목적 공간의 활용도를 생각한다면 작은 창문은 내부공간을 답답하게 만들 수 있다. 뒷마당과의 소통은 물론 개방감을 충분히 확보하기 위해서는 큰 창문이 필요한 공간이다. 문제는 겨울철의 찬바람으로 실내 에너지 소비가 클 수 있다는 문제가 생긴다. 이를 해결하는 방법으로 북측 창문 밖에 바람막이용 덧문을 설치한다. 이때 중요한 점은 외벽에 붙여서 덧문을 설치하는 것이 아니라 약 2m전후의 적정 거리를 띄어서 설치한다. 조금 더 자세히 설명하면, 다목적실의 창문과 북측에 형성되는 주방창문을 가리지 않는 상태에서 북측 외벽의 좌우측에 보일러실이나 창고를 설치하여 북측 외부공간이 오목한 'ㄷ'자 형태가 되게 하고 그 바깥에 바람막이용 덧문을 설치하여 'ㅁ'자 공간이 형성되게 한다. 그 결과로 겨울철에 덧문을 닫으면 'ㅁ'자로 4면이 닫힌 공간이 되고 봄,여름,가을에는 덧문을 열어 'ㄷ'자

벽면공간을 만든다. 다만 이 공간에 천정은 없다. 3면의 벽면과 덧문으로 내부공간과 같은 모습이 나타나지만 근본적으로는 지붕이 없는 외부공간이다. 이를 준외부공간이라 한다. 이것도 일종의 완충공간이며 전이공간이 된다.

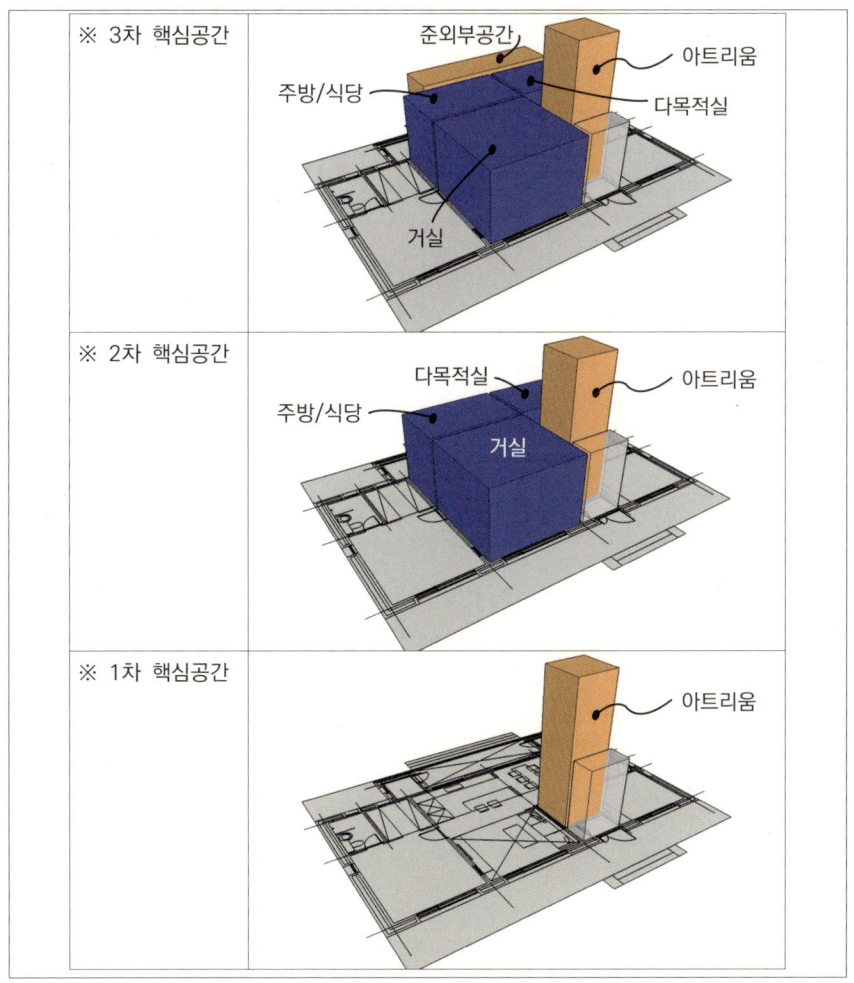

[그림 17-1] 핵심공간

주택의 내부와 외부가 만나는 부분에는 이러한 전이공간들을 배치하여 공간·심리적 충돌을 완화해 주었다. 필요시 지붕부분에 어닝과 같은 천막을 설치한다면 좀 더 아늑한 준외부공간이 될 수 있다. 본 건물과 뒷마당 사이에 있는 이러한 준외부공간을 테라스공간으로 만든다면 내부와 외부의 교류를 한층 편안하게 만들어 주는 생활의 또 다른 중심공간이 될 수 있다. 그래서 이 공간을 3차 핵심공간으로 부른다.

결국 '해와 바람의 친환경주택' 1차 핵심공간을 시작으로 현관아트리움과 다목적실, 거실, 주방 등으로 이루어지는 2차 핵심공간과 그 좌우측의 침실 및 기타 지원시설, 그리고 북측의 3차 핵심공간인 준외부공간과 그 좌우측의 보일러실과 창고 등으로 공간구성의 기본 패턴을 만들게 된다. 또한 이러한 평면적인 공간구성과 더불어 2개층 높이의 아트리움 공간과 다락을 결합하여 수평적이며 수직적으로 다양성을 지니는 친환경주택이 구성된다.

한편 이 주택의 벽체구성은 모든 구조방식의 적용이 가능하도록 최대한 벽체 중심선을 일치시켰다. 그 결과로 기본계획 평면 상태에서 철근콘크리트 방식은 물론 목구조나 경량 철골조 방식 중 어느 구조방식도 선택이 가능하도록 하였다. 건축주의 상황에 맞게 다양한 구조방식을 선택하여 친환경주택을 만들고자 한 의도이다. 또한 이러한 벽체 구조 중심선의 일치화로 공사비용의 절감을 의도하기도 하였다. 비록 정해진 면적에 따른 공사의 기본물량은 똑같다 하더라도 불필요한 형태디자인에 의한 공사비 상승은 줄일 수 있는 것이 분명하다. 이렇듯 기본에 충실한 공간구성이면서 세부적인 곳곳에 비용절감의 노력이 담겨있는 주택을 만들어 공사비 예산으로 인한 부담을 조금이라도 줄일 수 있는 친환경주택을 만들고자 한 것이다.

그리고 이러한 노력의 결실은 최종적으로 건설을 통해서 완성된다. 설계의도가 아무리 좋고 설계안 역시 좋다 하더라도 마지막 충실한 건설과정을 통해서 그러한 의도가 완성될 수 있다. 그런데 불안한 부분이 있다. 종종 대형 브랜드 건설사의 사고 소식을 접하기도 한다. 사고는 아니더라도 부실시공에 대한 불만이 높은 경우도 많다. 그렇다면 1층 또는 2층 규모의 작은 주택을 건설하는 건설사들의 능력은 어떨까? 물론 세부적인 사항까지 꼼꼼하게 검토하여 시공하는 건설사가 있겠지만 거의 대부분의 건설사는 그렇지 않다. 기술이 없거나 주택 건설에 대한 윤리의식이 없거나 어떤 경우는 아예 기본 자격조차 갖추지 못한 건설사들도 있다. 그들이 전국 방방곡곡에서 건설하고 있다. 완벽한 공사는 고사하고 하자가 최소화 될 수 있도록 무기력하게 기도하는 길밖에 없는 경우가 생길 수도 있다. 현실이 이러한데 완벽한 시공을 전제로 친환경주택을 추구하는 것에는 한계가 있다. 그러나 '해와 바람의 친환경주택'은 이러한 현실까지 감안한 설계안을 준비한 것이다. 과도한 형태 추구나 불필요한 공간구성을 최소화하고 가능한 한 이해가 쉬운 공간 패턴화를 통해서 소규모 건설사조차 하자 발생을 줄일 수 있게 노력하였다. 설사 부분적인 하자가 발생하더라도 공기의 자연 순환체계를 이용하여 실내 환경이 악화되는 일을 최소화 하도록 노력하였다. 물론 당연히 좋은 건설사가 시공에 참여하여 의도한 친환경주택의 가치가 구현되기를 희망하고 있다. 건축의 완성은 좋은 설계자와 좋은 건축주와 좋은 시공자가 함께 만들어 가는 것이다.

이제 친환경주택은 선택이 아니라 필수적인 상황임을 모두가 알고 적용해야 하는 시대이다. 같은 예산이면 친환경주택을 짓는 것이 당연하다. 그 누구를 위해서도 아니고 자신과 가족의 안전과 건강을 위한 것이다. 혹시라도 친환경주택이란 에너지를 절약하면 되는 것쯤으로 오해하지 말았으면 좋겠다.

그래서 마지막으로 친환경주택의 역할에 대해 정리하며 이번 글을 마치려 한다.

친환경주택이란,

건설과 철거단계를 포함한 주거공간의 전체 생활과정에서,

첫째, 지구자원의 소비를 최소화하여 환경에 부담을 주지 않아야 한다.

둘째, 인간의 건강과 안전에 도움을 줄 수 있어야 한다.

셋째, 인간의 환경이해와 적응력을 키워주고 환경개선에 참여하도록 유도할 수 있어야 한다.

18장 못 다한 이야기들

우리의 가치를 담아 기후위기에 대처해 갈 수 있는 친환경주택을 만들자.

이야기 1,

전원주택단지의 분양사업을 하는 시행사를 만난 적이 있다. 주택단지에 적용할 친환경주택을 결정하기 위해서였다. 그러나 건축회의는 소득없이 끝났다. 주택형식이나 설계비 등이 시행사와 서로 생각이 달랐던 것 같다. 그렇게 얼마의 시간이 지나고 관련 지인으로부터 그때 관련되었던 하나의 주택 단지 소식을 듣게 되었다. 내용은 이랬다. 시행사 대표는 평소 교류가 있는 목구조 제조공장을 방문하였고, 그 곳에 쌓여있는 여러 종류의 목구조 검토도면들 중 한 종류의 계획안을 얻어 왔다고 한다. 어느 건축사사무소에선가 작업하여 목구조 발주를 위해 제공한 도면을 설계자의 동의없이 무단으로 갖고 온 것이다. 그 다음은 분양 예정 지역 건축사사무소를 방문하여 공장에서 얻어 온 도면으로 허가를 의뢰한 것이다. 원 설계자와 주택 거주자에게 도리가 아니다. 그러나 해당 시행사는 친환경주택을 적용하려 노력했던 것을 알기에 한편으론 고마운 마음도 있다. 또한 대부분의 경우 많은 주택사업 시행사들에게 있어 건축적 가치보다는 수익에 훨씬 많은 관심이 있는 것이 현실이다. 그렇지만 문제는 그 시행사가 분양한 주택을 구입하여 살게 될 사람들이다. 친환경주택이라는 개념은 고사하고 그저 방과 거실, 주방 및 화장실이 있다는 것만으로 주택의 가치를 생각하고 살기에는 너무나 잘못된 일이다. 이미 많은 사람들이 아파트의 평면구성에 대해 알고 있을테니 공장에서 얻어 온 도면도 비슷했을 것이다. 그런데 진정 이런 집에 살려고 전원주택을 선택한 것일까? 일반인의 경우 시행사가 어떤 과정을 거쳤는지 알 수는 없다. 또한 스스로 주택도면을 평가하고 판단할 수도 없을 것이다. 그렇지만 충분한 시간을 갖고 주변사람들과 생각하는 시간을 갖을 필요는 있다. 조금 더 정성이 있다면 설계자를 찾아 가 자신이 원하는 주택에 대해서 자문을 받는 것이 좋다. 주택설계란 벽체구조물을 만드는 것이 아니다. 벽과 바닥, 천정 등의 구조물을 통해 사람이 생활하는 공간을 만드는 것이다. 그 공간을 이해하고 가족들의 즐겁고 살기 좋은 집을 만들기 위해서는 스스로 공부하고 물어서 배우는 방법 밖에는 없다.

이야기 2,

수많은 건축자재업체들이 참여하는 산업전시장에 가면 주택설계 및 공사를 일괄로 수주하기 위한 홍보관들이 마련된 것을 보는 경우가 있다. 주로 전원주택 건설사들이 영업용으로 준비한 곳이 많다. 그곳에서 상담도 하고 마음이 급한 건축주의 경우에는 현장에서 계약을 하는 경우도 있다. 그러나 잠시 계약을 멈추고 업무진행단계에 대해서 생각해 보자. 건축주의 생각을 건축설계로 표현하고 이것이 건설사에 전달되어 설계의도에 맞게 시공되는 것이다. 건축주의 생각이 건설사에 전달된 후 그 의도가 건축설계에 전해져 작업되는 것이 아니다. 여러 가지 이유가 있지만 그 중에 하나로 후자의 경우는 건설공사에 유리한 방식으로 설계가 이루어지도록 압력이 가해질 수 있기 때문이다. 이러한 압력을 방지하기 위해서 건설사가 설계를 할 수 없도록 강제하고 있다. 그렇다면 전시장에 홍보관을 차린 건설사들은 어떻게 주택설계를 할 수 있는지 궁금할 것이다. 그 내막은 실질적인 하부 용역사 성격의 설계부서를 별도로 만들어 진행하는 경우가 많다. 그렇기에 설계비를 무료로 하거나 터무니없는 덤핑으로 진행할 수 있다고 홍보할 수도 있는 것이다. 세상에 공짜가 어디에 있는가! 상담할 때야 설계비가 무료겠지만 그 비용이 공사비 속에 전가되는 것을 어찌 모른단 말인가. 어차피 설계나 공사 모두 건축주 비용으로 진행된다. 서두르지 않고 절차대로 진행해도 절대 늦는 일이 없다. 오히려 더 빨리 더 좋은 결과를 얻을 수 있다. 주택설계를 위한 전문가를 만나 먼저 진행하고, 그 이후 설계자와 함께 시공사를 찾는다면 결과가 훨씬 좋아질 수 있다. 적지 않은 비용으로 집을 짓는 과정에서 정상적이지 않은 방법을 택할 이유가 있는가?

이야기 3,

건축물은 수많은 건축자재들로 이루어진다. 실제로 사람들이 시각과 촉각으로 느낄 수 있는 부분도 건축자재들이다. 그래서 친환경주택이란 친환경 건축자재를 사용한 주택이라고 생각하기 쉽다. 물론 일부는 맞다. 그러나 친환경 건축자재를 사용했다는 것만으로 친환경주택이 될 수 있는 것은 아니다. 단순히 실내공기질을 개선하는 친환경자재인지, 내재에너지가 적은 자재인지, 주택으로 완성되었을 때의 친환경 성능은 무엇인지, 폐기과정에서의 친환경성은 무엇인지 등 많은 부분들이 종합적으로 고려되어 친환경주택이 만들어 지는 것이다. 이 말을 하는 이유는 일부 친환경자재를 적용했다는 것만으로 진정한 친환경주택의 가치와 노력을 동급의 수준으로 취급하는 오류를 막기 위한 것이다. 계속해서 주장하고 있지만 이 시대에 친환경주택은 정말로 필수적이며 절실하게 필요한 것이다. 지금 우리와 후손들의 지속가능한 삶을 위해서는 거짓되지 않은 친환경주택의 건설과 생활이 필요하다. 그렇기에 일부 건축자재를 사용했다는 것만으로 자신의 역할을 다했다고 말하며 시대적 도리를 방관하는 일이 없었으면 좋겠다. 실은 애둘러 말하고 있지만 이 내용은 일부 건축자재업체들의 영업방식을 비판하기 위한 것이다. 일반 소비자인 건축주들은 건축에 대한 전문지식이 없기에 건축자재사들의 영업적인 말에 쉽게 현혹될 수 있다. 그런데 그들의 말은 거의 대부분이 영업매출을 위한 것일 뿐이다. 시대적으로 친환경주택이 필요하다고 하니 자신들의 건축자재가 친환경자재라고 영업하는 경우를 많이 보게 된다. 동시에 비싼 가격을 불러 친환경주택의 건설비용을 상승시키는 잘못을 저지르기도 한다. 다시 한번 더 강조하지만 실내 벽에 일부 친환경자재로 미장마감을 했다고 친환경주택이 되는 것이 아니다. 환경에 이롭고 인간에게 이로운 원리가 적용되어 있는지를 생각해 봐야 한다. 지금 이 시대에 꼭 필요한 친환경주택을 만들기 위해서는 건축주가 건축에 대한 지식을 갖고 있는 것이 더없이 좋을 것 같다.

이야기 4,

'해와 바람의 친환경주택'에 대해서 건축전문가들과 이야기를 나누다 보면 모두들 환경의 원리가 공간적으로 적용된 방식에 놀라움을 표한다. 특히 전통 한옥의 친환경적인 가치가 새롭게 현대적으로 적용된 최초의 건축이라는 점에서 칭찬을 아끼지 않는다. 그런데 그 와중에 꼭 에너지 데이터가 어떻게 되느냐고 묻는 사람이 한명씩은 있다. 그럴 때마다 이렇게 답을 한다.

첫째, 전통한옥에서 에너지 데이터를 물은 적이 있는가? 그와 같은 원리로 구성된 '해와 바람의 친환경주택'과 독일식 패시브하우스의 원리가 다르다는 것을 모르는 것일까? 독일에서 만들어진 패시브하우스의 데이터 접근방식은 그들의 생활방식과 습관에 따라 나타난 결과물이다. 그들의 방식이 모두에게 맞는 것은 아니다. 건축은 데이터 이전에 인간과 환경을 보는 우리의 전통적 가치가 훨씬 소중하다. 데이터에 인간의 생활을 맞추는 것이 아니라 인간의 생활로 데이터를 조정해 가는 것이 '해와 바람의 친환경주택'이다.

둘째, 친환경 건축과 주택을 기획하고 계획하는 과정에서 우선적으로 고려해야 하는 것은 환경의 원리가 맞다. 그 원리로 공간을 구성하고 필요한 경우라면 공학 엔지니어링의 도움을 받는다. 그런데 원리를 적용한 공간구성 이전에 에너지 데이터로 공간구성을 주장하는 것이 인간을 위한 건축인가? 혹시 인간을 단순한 기능적 존재 또는 물체로 보고 공간을 구성하겠다는 기계적 관점이 아닌가?

셋째, '해와 바람의 친환경주택'은 거주자의 생활방식에 따라 다양한 환경성능의 결과가 제각각 다르게 나타날 수가 있다. 이런 상황임에도 불구하고 굳이 에너지데이터가 궁금하다면 수많은 변수에 대한 사전 시뮬레이션이나 준공 후 데이터 확보를 위한 추가 작업을 하면 될 것이다. 그런데 데이터 방식이 아니라 주택에서의 생활방식을 주요한 구성원리로 만들어 가는 집에 대해서도 데이터를 요구하거나 궁금해 하는 이유는 무엇일까? 혹시 건축의 쓰임새가 아니라 데이터 구축에 중독된 현상은 아닌가?

물론 누군가는 다양한 센서 등을 설치해서 데이터를 확인하려는 경우가 생길 수 있다. 그것은 정말 바람직한 일이다. 또한 총량적 관점에서 확인하는 것은 의지만 있다면 그리 어려운 일은 아니라고 생각한다. 그러나 연구를 위한 건축이 아니라 생활을 위한 건축이라면 목표한 데이터에 맞추어 설계하는 방식을 우선시 하는 것은 아닌 것 같다.

이야기 5,

　기계식 열회수환기장치는 이 시대에 꼭 필요한 기능을 제공하는 선물과도 같다는 생각을 많이 한다. 그렇지만 그 작동과정에서 불만스러운 부분이 없지 않다. 첫째는 겨울철 차가운 공기를 직접 환기장치가 감당해야 하기에 고장의 원인이 되고 있다는 것이며 둘째는 환기장치 안에 있는 열교환 소자를 통과한 공기가 과연 청정한 공기인지에 대한 불신이다. 물론 해결책이 있다. 첫 번째 불만에 대해서는 환기장치 전반부에 예열장치를 두어 온도를 높이는 방법이다. 이를 전열장치라 한다. 두 번째 불만 역시 공기필터의 추가 개발로 문제를 해결하려는 노력들을 듣게 된다. 그러나 모두가 기계에 의존하고 있다는 것이 새로운 불만이 되고 있다. 이러한 상황에서 현관 아트리움이 설치되어 있는 '해와 바람의 친환경주택'이 탁월하다는 자신감을 갖게 된다. 현관 아트리움은 해의 작용을 통해 온도조절과 살균 기능을 동시에 해결할 수 있기 때문이다. 그런데 여기에 한가지 변수를 더 추가해 볼 수 있다는 생각이다. 만일 기계식 환기장치를 꼭 설치하고 싶다면 현관 아트리움 안에 추가로 설치해 보는 것은 어떨까 생각해 본다. 아트리움에 들어 온 공기는 어느 정도 온도조절이 되어 있기에 기계식 환기장치가 겪게 될 심한 공기온도 차이의 부담을 줄여줄 수 있다. 또한 햇빛을 통한 살균작용이 이루어 졌기에 기계 환기장치에 공급되는 공기의 청정도도 신뢰할 수가 있다 물론 이러한 경우는 새로운 기능 구성이 필요하겠지만 최소한 기계라 해도 인간과 환경의 처리를 거친 후에 작동이 이루어진다면 훨씬 좋은 효과가 있을 것이라는 점을 강조하고 싶은 것이다.

이야기 6,

건축주와 건축가 사이에 아주 좋지 않은 업무관행이 한가지 있다. 바로 신축설계 가능성에 대한 사전검토를 무료로 의뢰하는 것이다. 이러한 업무방식은 당연히 잘못된 것이다. 그러나 주택의 공간구성이 어떻게 이루어질 것인지를 건축주가 궁금해 하니 사전 안내차원에서 또는 설계영업차원에서 진행하는 관행이 존재하기도 한다. 이는 결국은 양측에 모두의 손해로 끝나는 경우가 비일비재하다. 건축가는 대가없는 검토시간에 대한 손실이 발생하고 건축주는 대가없이 무성의하고 부실하게 검토된 결과물로 자신의 주택에 대한 미래를 계획한다. 서로가 속고 속이는 느낌이 들 수 도 있다. 그러나 이러한 불편한 업무관행이 더 이상은 필요없다. 다양한 규모의 친환경 표준주택이 마련되어 있기에 자신에게 필요한 주택형식을 찾아서 결정하면 된다. 물론 일부 규모의 조정이 필요할 수도 있다. 그러한 경우는 제시되어 있는 표준주택을 기준으로 변경가능성에 대해서 서로 협의하며 조정해 갈 수 있다. 대가없는 무료검토에 대한 무성의함도 없고 부실한 검토도면에 대한 잘못된 미래예측도 없다. 공간의 패턴화를 통해 만들어진 표준주택은 건축가는 물론 건축주에게도 시간을 아껴주며 품질 높은 설계안을 주고 받을 수 있는 좋은 업무 대안이라는 생각이다.

이야기 7.

　개인차가 있기는 하겠지만 전반적으로 규칙과 질서 그리고 원리원칙을 강조하며 합리적인 것을 좋아하는 민족으로 게르만 민족을 생각하곤 한다. 그렇기에 게르만 민족 중의 한 곳인 독일에서 단열, 기밀, 환기방식의 환경차단형 친환경주택인 패시브하우스가 탄생한 것은 당연한 일인 것 같다. 지구온난화에 따른 기후위기에 대처할 수 있는 매우 합리적인 주택양식임은 분명하다. 그러나 지금까지의 글을 통해서 독일 패시브하우스 보다 발전된 새로운 친환경주택이 필요하다고 주장해 왔다. 막연한 주장이 아니라 우리의 전통적인 가치를 담아서 기후위기에 대처해 나갈 수 있는 친환경주택을 만들자는 것이다. 무해하고 무한한 자원인 해와 바람을 이용한 친환경주택을 만들자는 주장이다. 이것은 인간을 소중히 여기는 정신적 사상 속에서 흥이 있고 멋을 알며 함께 어우러지는 조화로움의 가치를 지닌 우리들의 삶의 현장에서 개발한 주택양식이다. 독일 패시브하우스가 지금껏 환경훼손을 방지하는데 일정부분 선한 역할을 해 왔다면 앞으로는 우리의 자연환경에서 배운 '해와 바람의 친환경주택'이 보다 큰 역할을 해주기를 바라고 있다. 선한 사람들이 모여 사는 선한 주택을 통해 지금의 기후재난을 극복하는 계기가 되기를 간절히 희망한다.

19장 첫 번째 주택과 표준계획안

이 집을 통해서 환경을 배우고 환경변화에 대한 적응력을 키울 수 있게 해 주고 싶다.

2000년 초반에 시민단체와 인연을 맺고 있었다. 당시 주로 이야기되던 내용은 과잉 건축설계로 인한 자원의 낭비를 막아보자는 홍보 및 계몽 네트워크 구축에 관한 것들이었다. 그런 관심에 이어서 2006년부터는 환경의 문제점이 심각하다는 것을 알게 되었다. 건축 역시 환경을 고려한 친환경건축으로 새롭게 태어나야 한다는 것을 깨닫게 된 것이다. 그러나 막상 관심을 갖고 접근하는 데는 많은 어려움이 있었다. 친환경건축에 대한 지식이 너무 부족했기 때문이다. 그러던 차에 2010년을 전후하여 독일식 패시브하우스가 친환경건축의 대안으로 국내에 소개되었고 마치 사막에서 물을 만난 것과 같이 기뻤었다. 아마도 패시브하우스에 대해서 가장 반기고 누구보다 힘껏 응원한 사람이 아니었을까 생각한다. 정부가 관련법과 제도를 만드는데 많은 시간을 민간인 자문위원으로 참여하였고, 공공 연구기관의 연구 및 기준제정에도 참여하였다. 또한 친환경건축 심의 및 평가과정에도 많은 시간을 함께 했었다. 전문가 협회 및 단체들에게도 친환경건축의 필요성을 이해시키기 위해 노력해 왔다. 그렇게 우리의 친환경건축이 정착되어 가는데 일익을 담당하고 있다는 생각이었다.

그러나 시간이 지나면서 그동안의 노력이 완전하지 않다는 것을 깨닫기 시작했다. 패시브하우스의 핵심원리를 이해하면 할수록 우리들의 방향이 잘못된 것이 아닐까하는 의문이 들기 시작했다. 사실 내용을 알고 보면 패시브하우스란 전혀 새로운 건축방식은 아니다. 전에도 고층오피스빌딩의 경우 모든 외벽을 꽁꽁 틀어막고 대신 공조기를 틀어 왔었다. 또한 그러한 환경조건이 건축적으로 바람직하지 않으며 자연과 교류하는 건축방식의 개발이 필요하다는 의견들이 많았다. 기계설비적인 측면에서는 효율적인 공조기 작동방법에 대해서 발전시키고 건축적인 측면에서는 실내에서 활동하는 사람들의 생활을 고려하여 자연과의 교류가 가능한 공간구성에 대해서 연구해야 한다는 의견들이다. 그러한 상황에서 독일식 패시브하우스가 밖으로 배출되는 공기 속에서 일정부분 열을 회수해서 에너지를 절약하는 방식을 추가하여 나타난 것이다. 기존의 공조설비 방식을 보다 발전시킨 것은 분명히 맞다. 그러나 여기서 중요한 부분이 누락되기 시작했다. 인간의 생활공간을 설계하는 건축가의 역할들이 사라지기 시작한 것이다. 기계설비적인 방법을 발전시켜야 함은 분명히 필요하지만 또한 동시에 건축적으로도 인간의 생활방식에 따른 자연과의 교류에 대한 방법이 발전되었어야 하는데 후자 부분이 사라진 것이다. 오로지 입력한 값과 그에 따른 결과값이 어떤지를 따지는 데이터 측정 방식으로 친환경건축이 변해갔다. 결국 인간에게 필요한 건축과 공간과 환경 그리고 그 속에서의 생활이 죽어가고 있다는 생각이 들었다. 또한 우리들이 살아가는 생활공간은 병원 수술실에서 필요한 클린룸이 아니라 어느 정도는 오염되기도 하고 어느 순간은 다시 청정해 지기도 하는 것인데 독일식 패시브하우스가 등장하면서 클린룸의 개념이 자꾸 떠오르는 불편함도 있다. 이러한 불편함이 없는 자연환경과 조화하는 살기 좋은 집이 필요하다는 생각이었다. 그것이 '해와 바람의 친환경주택'을 개발하기 시작한 이유였다.

새롭게 친환경주택을 개발하면서 많은 내용들을 고려해 봤다. 그리고 아트리움을 활용한 공간구성 방법이 적절하겠다는 판단을 하였다. 아트리움이란 햇볕을 이용하기에 가장 적절한 공간형태이기 때문이다. 여기에 기계식 열회수환기장치가 아닌 적정기술로 만들어지는 축열식 열회수환기 방식을 적용할 수 있기를 희망했었다. 아트리움으로 햇볕을 받아들이고, 햇볕에 의해 벽체가 축열되면 그 벽체 속에 배기관과 급기관을 통과시키며 공기들의 열을 교환시키는 에너지 절약방식을 고민했었다. 그러나 벽체 속에 급,배기관을 통과시키는 방식은 현실적으로 많은 문제가 발생할 수 있었다. 이러한 고민들과 동시에 아트리움의 설치위치에 대해서도 고민하지 않을 수 없었다. 그러다 가장 접근빈도가 높고 위치선정의 명분과 효과 면에서 장점이 기대되는 현관을 결정하며 '현관 아트리움'이라는 지금의 결과를 위한 첫 출발점이 되었다.

'현관 아트리움'의 개념을 처음 정리할 시점만 해도 마치 완벽한 최고의 친환경주택을 개발한 것처럼 기뻤었다. 그래서 그 기쁨을 나누고자 주변 사람들에게 설명하였고, 그 중 건축자재 제조사를 운영하시는 한 대표님께서 추후 영업상 성능검증 자료가 필요할 수도 있으니 6평 규모의 테스트하우스를 연구차원으로 만들어 주시겠다는 제안을 하셨다. 더없이 기쁘고 감사한 제안으로 바로 테스트하우스 설계에 들어갔다. 그러다 잠시 생각해 보았다. 거주자의 생활방식을 고려한 친환경주택이 목적이었는데 테스트하우스를 통해서 원하는 결과를 얻을 수 있을까? 적지 않은 비용이 들어가는데 그 대표님께 부담을 드리는 것이 맞을까? 결국 그 대표님께는 다시 한번 친환경주택의 취지를 설명드리며 테스트하우스 제안은 감사의 마음으로만 받기로 하고 중지했다.

그런 일이 있고 얼마 후 전세계적인 바이러스 팬데믹이 지구를 위협하기 시작했다. 테스트하우스는 중지하였고 바이러스 팬데믹으로 외부활동도 자유롭지 못한 상태에서 기약 없이 현관아트리움이 적용된 평면개발 작업에 들어갈 수밖에 없었다. 표준주택화를 위한 규모별 작업이 필요했고, 입면과 형태에 대한 개발도 이어갔다. 매 순간 작업이 이루어질 때마다 지식재산권 등록도 함께 진행했다. 새로운 형식의 주택이기에 샘플하우스가 필요할 것이라는 주변의 조언이 있었지만 현실적인 여건을 고려할 때 우선은 계획안에 대한 개발이 먼저였다. 그렇게 시간이 흘러갔고, 어느 날 지인으로부터 주택 신축을 계획 중이신 건축주 한 분을 소개해주겠다는 연락을 받았다.

간단한 전화상의 인사와 함께 건축주 분께서 사무소로 방문해 주셨고 새롭게 개발한 친환경주택에 대해서 설명을 드렸다. 건축주 분께서는 경기도 여주에서 법무사사무소를 운영중이셨고 매우 긍정적이며 솔직하고 적극적인 분이셨다. 나이도 비슷해서 마치 친구를 만나는 느낌이었다. 설명이 끝나자 친환경주택의 필요성에 대해서 흔쾌히 공감하시며 집을 함께 짓기로 한 이웃들과의 만남도 주선해 주셨다. 소개된 만남은 식사자리에 초대받은 것으로 5가족이 참석하였다. 다만 각 세대별로 신축을 준비하고 있는 상황을 모르니 친환경주택에 대한 영업적 브리핑보다는 가벼운 건축 상담정도로 진행하는 것이 좋겠다고 판단했다. 그렇게 편안한 식사자리가 이루어졌고 실제 건축주들의 이야기를 생생한 현장의 목소리로 다양하게 들을 수 있었다. 그때 듣고 느낀 점은 다음과 같다. 첫째, 대부분의 경우 친환경주택은 필요한 것이지만 꼭 자신의 주택에 적용해야 하는지에 대한 절실한 공감을 얻지는 못하였고, 둘째, 현관 아트리움에 대한 이해보다는 전체면적을 증가시키는 추가면적 정도로 인식하는 분도 있었으며, 셋째, 체계적인 설명이 부족해서 충분한 이해를 전달하지 못했다는 반성도 들었다. "가벼운 상담이 아니라 보다 적극적인 설명을 했어야 했는데......"라는 아쉬움이 있었지만 또한 동시에 스스로 충분히 준비되어 있는가에 대한 반성도 뒤따랐다. 그렇게 준비가 다되었다는 자만심을 버리고 법무사이신 건축주 분의 신축설계에 보다 개선된

계획안을 만들어야겠다는 새로운 다짐의 기회가 되었던 것 같다.

첫 번째 주택을 진행함에 있어서 실제로는 대지의 진입도로가 법적으로 정리가 되지 않은 부분이 있었고 대지의 가로폭이 좁아 토지를 추가로 확보하려는 계획이 있었기에 설계 및 착공시점은 다소 여유가 있었다. 가족구성원은 건축주 부부와 딸과 아들인 4인이다. 이 중 건축주 부부와는 여러 차례 만나며 주택설계에 대해서 협의하였고 때로는 딸이 함께 참여한 경우도 있었다. 그렇게 만남을 이어가며 그동안 설계부분에서 부족했다고 느꼈던 부분들을 보완해 갔다. 그 중 몇 가지를 적어본다.

첫째, 이웃들과의 만남 이후 현관 아트리움에 대한 표현에 다소 조심스러워진 부분이 생겼다. 아무리 좋은 공간이라 하더라도 새로운 공간에 대해 익숙해지기 까지는 거의 대부분이 경계심을 표현하게 되어 있다. 그런 측면에서 이웃과의 만남에서는 적극적인 호감을 받지 못했다고 생각한다. 그러나 결국 그런 모습 때문에 스스로도 표현에 좀 더 조심스러울 수밖에 없었다. 공간의 규모를 가능한 작게 만든 것이다. 그런데 설계회의에 함께 참여한 딸의 의견은 달랐다. 현관아트리움이 친환경 성능을 실현시키는 중요한 공간임으로 보다 적극적으로 크게 만드는 것이 좋겠다는 의견이었다. 현관 아트리움을 통해서 나타나는 공간적 활용성 등도 중요하지만 환경을 생각하는 친환경 주택을 만들었으면 좋겠다는 의견이었다. 환경에 대해 보다 적극적인 의견제시를 느낄 수 있었다.

둘째, 처음 만남이 있기까지의 설계상황은 아트리움과 적정기술로 만들어지는 축열체형 열회수환기장치를 사용하고 거주자가 직접 창문환기를 실시하는 에너지절약형 환기를 진행하는 방식이었다. 100% 자연환기는 아니었다. 이 부분을 해결해야 했었다. 그런데 대화 과정에서 아트리움 고창을 통해 열이 전도되어 들어오는 더운 공기를 배출해야 하는 문제가 제기되었다. 그리고 그 해결책으로 아트리움 지붕에 무동력 흡출기를 설치하고 실내와 실외측에서 공기를 급기하는 방법을 찾을 수 있었다. 이때 실내외 급기방법과 무동력 흡출기에서의 배기방법을 사람이 직접 조절하게 함으로써 환경의 원리를 배워가는 방법도 찾을 수 있었다. 혼자 고민하여 풀지 못한 것을 함께 대화하면서 진정한 자연환기방식의 친환경주택을 만들 수 있었다.

셋째, 건축주 부인의 요구사항은 뒷마당을 예쁘게 가꾸고 싶다는 것이었다. 그러기 위해서는 주택의 실내에서 뒷마당과의 소통이 적극적으로 이루어져야 한다. 일반적으로 생각하는 북측의 찬바람을 막기 위해 북측에 작은 창문을 설치한다면 뒷마당은 소외된 공간이 될 확률이 높기 때문이다. 그래서 해결책으로 생각한 것이 다목적실의 북측 창문을 크게 형성하여 뒷마당과 실내와의 소통을 강화시키는 방법이었다. 그렇지만 겨울철 북측의 찬바람에 대한 문제는 여전히 남아 있었다. 이를 해결하기 위한 방법으로 북측창문에 바람막이용 덧문을 설치하기로 했다. 다만 창문에 바로 붙이는 방식이 아니라 일정한 간격을 띄어서 덧문을 설치하였다. 그 결과 실내 다목적실과 뒷마당 사이에는 완충공간인 준외부공간이 형성되게 되었다. 비가 오거나 눈이 오는 경우는 천막을 쳐서 비나 눈을 막을 수 있다. 전혀 예기치 못했던 새로운 휴식공간이 만들어 진 것이다.

넷째, 딸의 요구사항은 1층 침실보다는 다락을 자신의 생활공간으로 만들고 싶다는 것이었다. 다락이 생활하기는 불편하겠지만 그곳에서 청소년 시절의 추억을 만들고 싶은 것이다. 그리고 그 의견에 적극 동의하며 조금이라도 추억에 도움이 되는 공간을 만들어 주고 싶었다. 물론 다락에서 아트리움의 큰 창문을 통해 밤하늘을 감상할 수는 있다. 그렇지만 가족들과도 보다 자연스러운 소통방법도 제공해 주고 싶었다. 그 결과로

1층 거실의 천정고를 높이고 그 높이차이에 창문을 설치하여 다락에서 거실과 소통할 수 있게 하였다. 애초 생각은 거실의 천정고를 높이는 것이 아니었다. 에너지 절약차원에서는 낮은 천정고가 더 좋기 때문이다. 그러나 모든 공간을 꽁꽁 틀어막는 에너지 절약방식 이전에 가족과의 소통이 더 중요하다는 판단이다.

이외에도 세부적으로는 많은 대화가 있었고 지붕 구조방식에 대한 논의나 북측에 작업실을 만드는 등 실무적으로 많은 수정보완들이 이루어졌다. 그러나 이러한 보완보다 더 중요한 것은 설계자의 마음이나 건축주의 마음이 환경을 개선하려는 의지가 담겨서 함께 만들어 갔다는 점이다. 대화 중에 있었던 건축주 부인의 말이 기억이 난다.

"우리는 꼭 이 집을 지어서 소중한 가족의 보금자리로 만들려 합니다. 아이들에게 자연과 접하게 해주고 싶습니다. 앞으로 환경이 나빠져서 어떠한 환경적 어려움이 오더라도 이 집을 통해서 환경을 배우고 환경변화에 대한 적응력을 키울 수 있게 해주고 싶습니다. 지금 우리 세대가 아이들에게 해 줄 수 있는 일이 바로 환경에 대한 바른 접근인 것 같습니다."

첫 번째 주택은 2022년 9월에 허가 접수하였고 2022년 10월 하순에 착공하였다.

주소 : 경기도 여주시 세종대왕면 왕대리 584-1
규모 : 1층 + 다락
면적 : 157.89㎡ (47.76평)
시공 : 건축주 직영
사진 : www.greenpassivehouse.co.kr

표준주택 계획안

홈페이지 : www.greenpassivehouse.co.kr

1년 365일,

에너지를 절약하며 자연환기 할 수 있는

안전하고 건강한 친환경주택

아트리움과 적정기술로 만들어지는

자연환기형 친환경주택

표준주택 계획안 - 1

- 규모 : 지상1층+다락 (기본형)
- 면적 : 111.24㎡ (33.65평)
- 저작권등록번호 : C-2022-031475

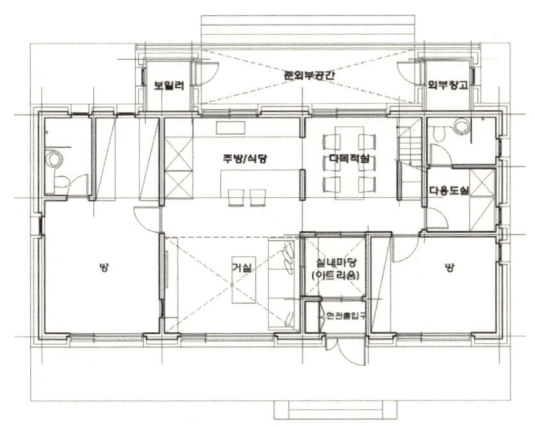

1층 평면도

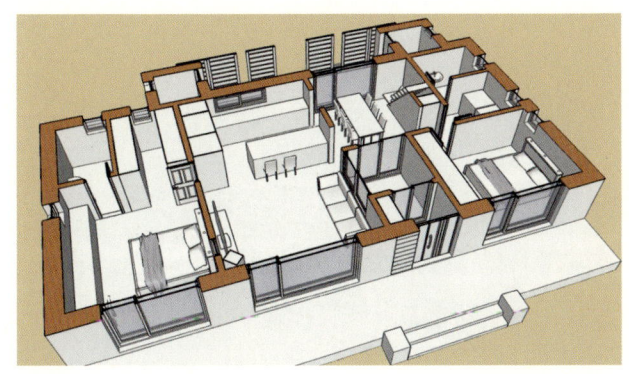

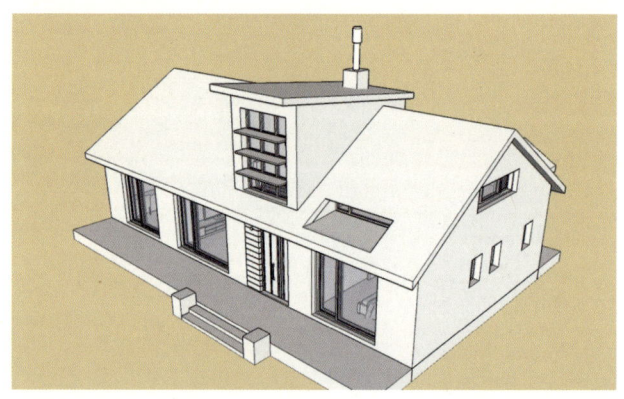
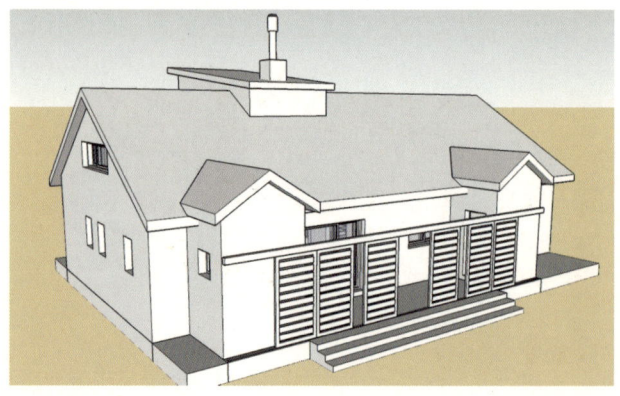

표준주택 계획안 - 2

- 규모 : 지상1층+다락 (기본형)
- 면적 : 130.68㎡ (39.53평)
- 저작권등록번호 : C-2022-027973

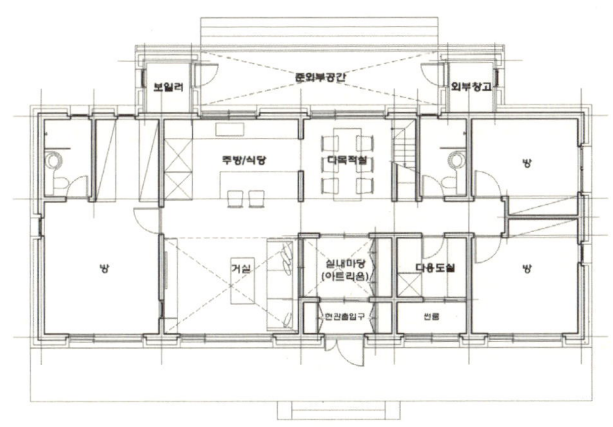

1층 평면도

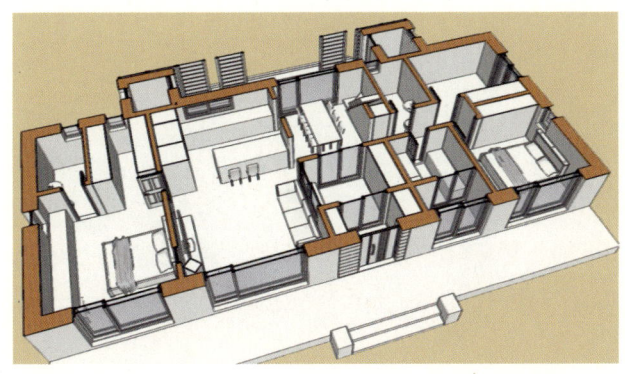

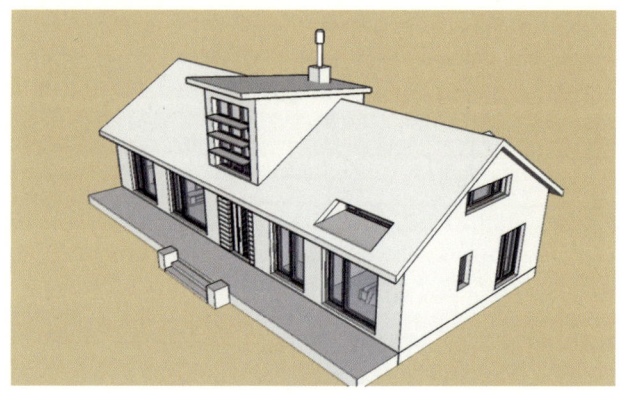
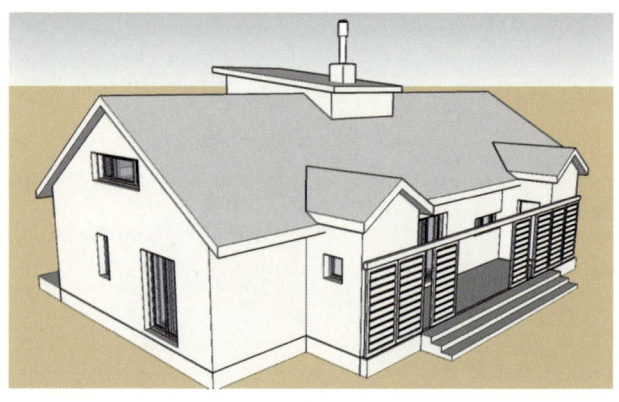

표준주택 계획안 - 3

- 규모 : 지상1층+다락 ('ㄱ'자형)
- 면적 : 127.44㎡ (38.55평)
- 저작권등록번호 : C-2022-013539

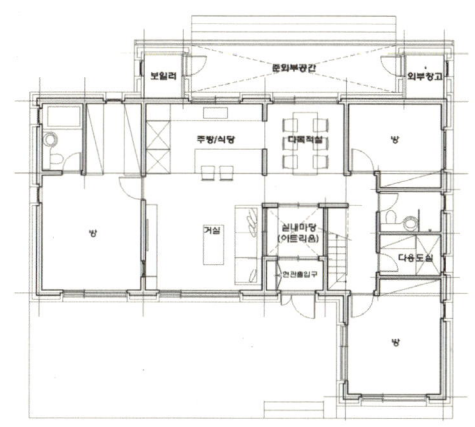

1층 평면도

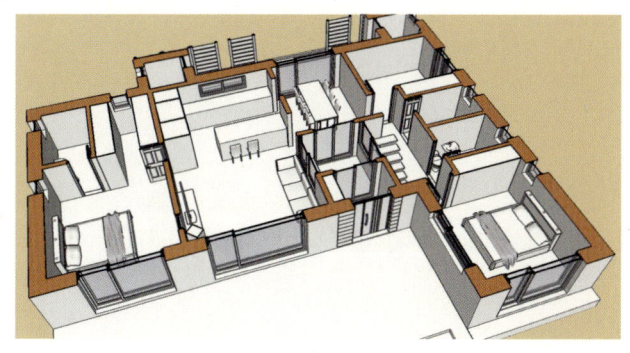

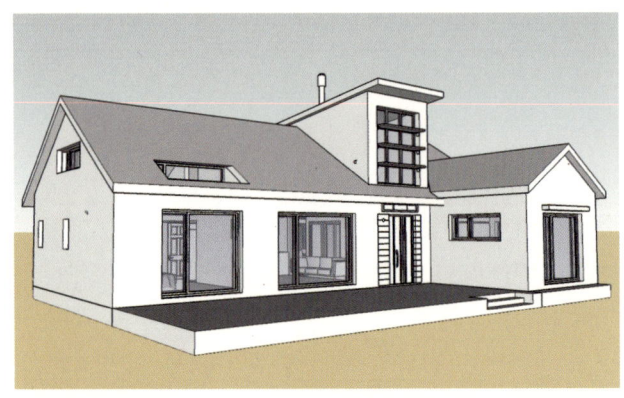
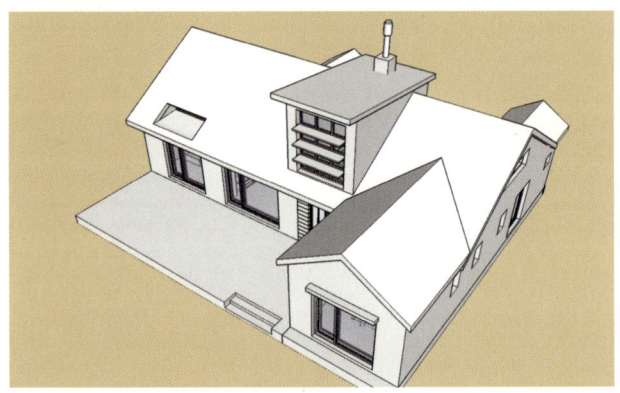
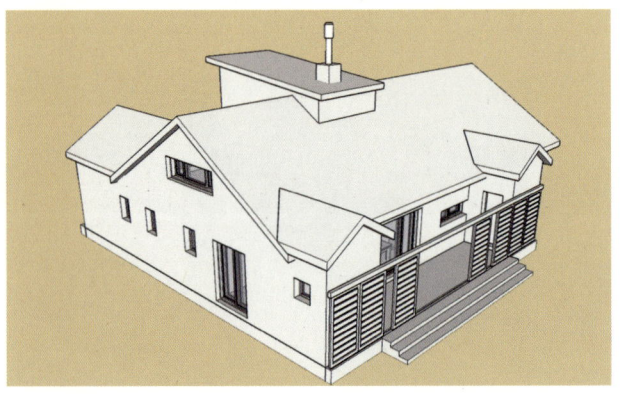

표준주택 계획안 - 4

- 규모 : 지상2층+다락 ('ㄱ'자형)
- 면적 : 139.95㎡ (42.33평)
- 저작권등록번호 : C-2022-027116

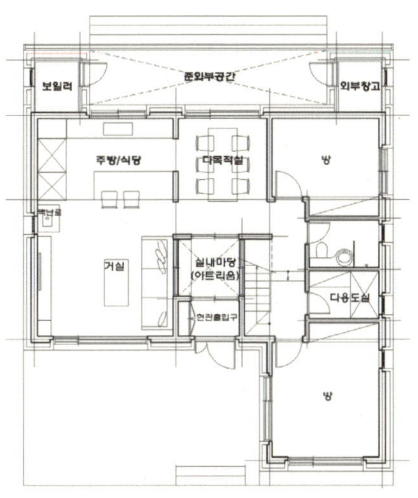

1층 평면도    2층 평면도

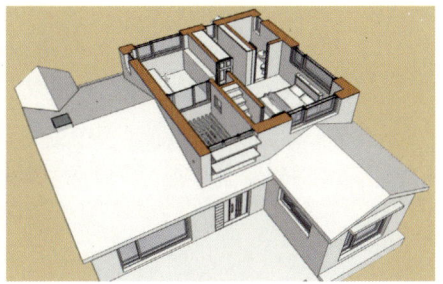

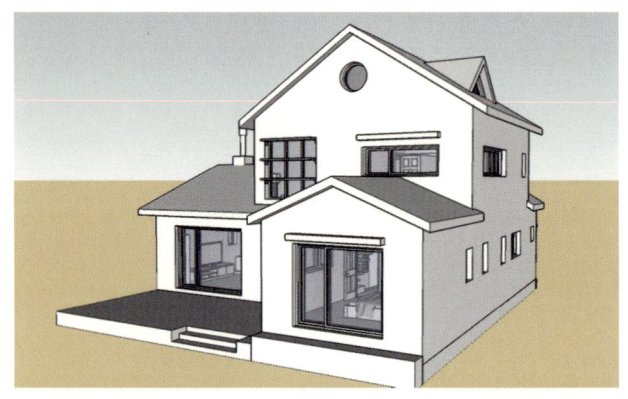

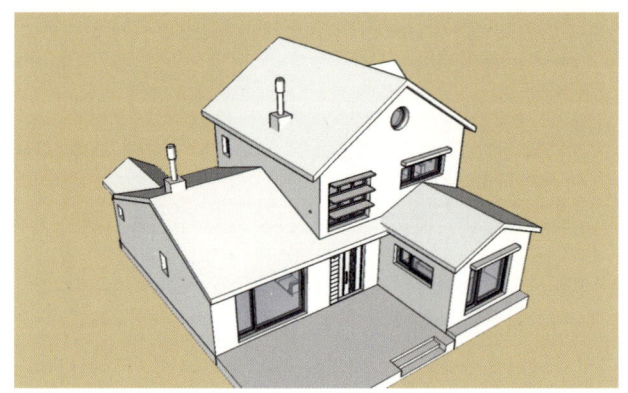

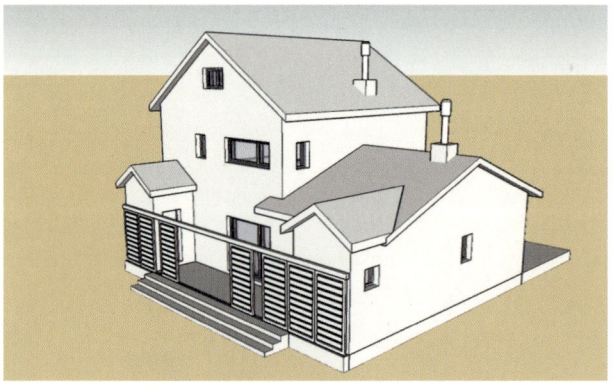

표준주택 계획안 - 5

- 규모 : 지상2층+다락 ('ㄱ'자형)
- 면적 : 168.03㎡ (50.83평)
- 저작권등록번호 : C-2022-027972

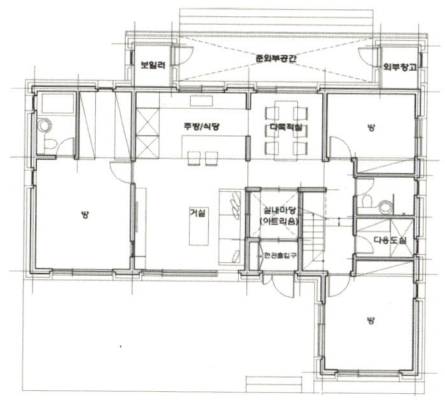 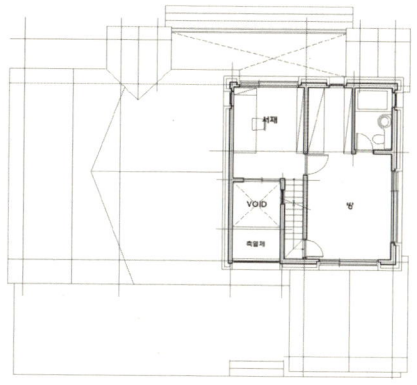

      1층 평면도   2층 평면도

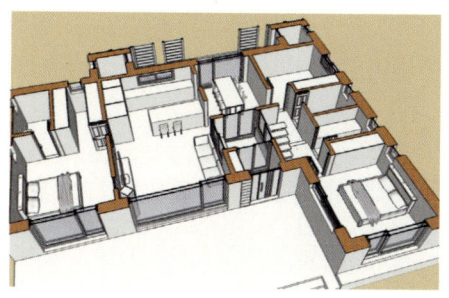 

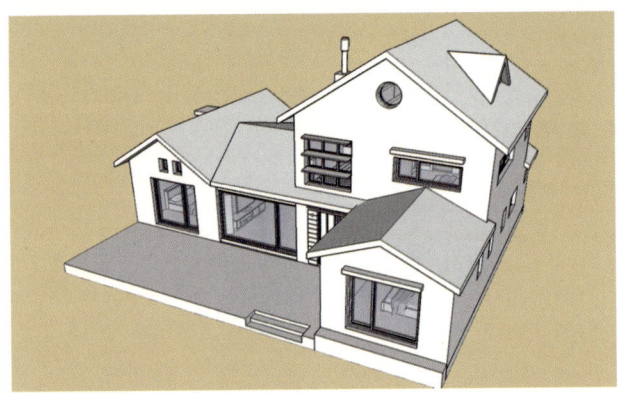
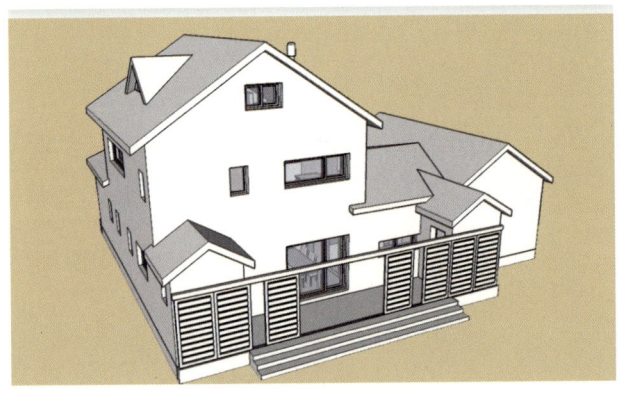

20장 맺음말

인간이 참여하는 주택을 만드는 것이 친환경주택의 필수항목

기후위기 상황에 대해서 종종 혼자말로 중얼거리는 게 있다. "지금의 기후위기 상태는 믿을 수 없고 믿고 싶지도 않다." 사실 진짜로 그렇게 위험한지 모르겠고 위험하지 않았으면 좋겠다는 희망이 있다. 그러나 국제연합인 UN을 비롯해서 전 세계 우수한 과학자들의 환경재난 경고가 거짓말이 아니라면 지금의 지구 환경 상황은 분명 위기임에는 틀림이 없다. 21세기 안에 인간이 심각한 환경재난 상태를 맞게 될 것이라는 경고가 두렵다. 아니기를 간절히 바라고 있지만 아닌 것이 아니다. 그 누구도 피해갈 수 없는 환경재난을 우리 스스로 불러 일으키고 있다는 점에서 기가 막힐 노릇이다. 어떻게 해야 하는가?

이미 환경위기 상황은 한 개인의 노력으로 치유될 수 있는 상황은 아닌 것 같다. 개인이 아니라 한 국가의 차원으로도 해결할 수 없는 상황으로 알고 있다. 전 세계가 합심하여 실천하지 않는 한 우리는 진짜로 엄청난 재앙을 맞을 수 있다는 생각이다. 그렇다면 우리 개인은 아무것도 할 필요가 없는 것일까? 전 세계가 힘을 합치는 것이 현실적으로 너무나 어려운데 개인이 노력한들 소용이 있겠는가? 실현가능성이 없는 일에 신경 쓰는 것보다는 현재의 상황에

만족하며 현실적인 이익에 충실히 살아가는 것이 맞는 것이 아닐까? 어떠한 선택을 하든 어느 것 하나 누구에게도 강요할 수 없는 일이며, 그 누구도 강요할 자격을 갖추었다고 할 수는 없다. 그러나 환경위기에 대해서 최소한 이론적 자료라도 찾아보고 있는 입장에서 다른 사람들과 상관없이, 국가의 움직임과 상관없이, 나아가서 전 세계적인 노력과 상관없이 아무것도 하지 않는 것은 옳지 않다는 생각이다. 갑자기 피켓을 들고 거리로 뛰쳐나가자는 말이 아니다. 개인의 행동이 환경재난을 극복하는데 도움이 되는지 여부를 신경 쓰는 것이 아니라 그냥 무엇인가 하는 것이 맞을 것 같다. 그 중의 하나로 이 글을 통해서 주장하는 친환경주택을 만들자는 것이다.

지금까지의 친환경주택은 이산화탄소 배출의 주범인 화석연료의 사용을 줄이기 위해서 에너지를 절약하는 방법에 초점이 맞춰져 왔었다. 누구는 거주자에게 쾌적성을 제공해 주면 된다고 생각하기도 한다. 그러나 이것으로는 안된다. 환경에 부담을 주지 않기 위해서 자원을 절약하는 것은 물론 거주자에게 건강과 안전을 제공해 줄 수 있어야 하며, 거주자로 하여금 환경의 변화에 적응하며 살아갈 수 있게 하고, 환경을 개선하는데 참여할 수 있게끔 건강한 생활방법을 유도해 줄 수도 있어야 한다. 이것은 누가 하고 안하고의 문제가 아니고 자신의 건강한 삶과 미래를 위해서 필요한 것이다. 그런데 왜 우리는 이러한 친환경주택의 적용을 주저하고 있는 것일까? 왜 지금도 환경을 훼손하는 과장되고 부실한 주택을 만들어 생활하고 있는 것일까? 환경위기는 현실이 아니라고 믿기 때문일까 아니면 자녀들이 살아갈 미래는 지금 당장 신경 쓰지 않아도 된다고 생각하는 것일까. 안 해도 되는 일을 굳이 진행하며 부담을 느끼자는 것이 아니다. 그냥 어차피 진행할 일을 좀 더 환경친화적으로 생각하여 실천해 보자는 것이다.

혹시라도 친환경주택은 형태가 화려하지 않아서 싫은 것이라면 그렇지 않다. 친환경주택도 얼마든지 화려해 질 수 있으며 오히려 새로운 공간구성 방법에 따라 더욱 멋있는 형태디자인을 할 수도 있다. 그에 맞는 충분한 검토와 노력이 뒤따르면 될 일이다. 이 책에서 제시하는 계획안은 많은 사람들이 저렴한 비용으로 살기 좋은 집을 만들어 갈 수 있는 표준주택 형식을 보여준 것이다. 물론 여기서의 표준주택은 건축전문가의 입장에서 충분히 담백하고 훌륭한 형태디자인적 가치를 지니고 있는 것이다. 그럼에도 불구하고 좀 더 다양한 형태가 조합된 색다른 형태디자인을 원한다면 그만큼의 시간과 노력과 비용이라는 투자를 하면 된다. 아무런 노력도 없고 투자도 없이 값싼 비용으로 형태디자인을 추구한다면 부실과 낭비가 발생하며 그 결과가 지금과 같은 환경위기라는 모습으로 나타날 수도 있고 건강하지 않은 공간과 재산상의 손실로도 이어질 수도 있음을 기억했으면 좋겠다. 그냥 솔직한 심정은 여기서 제시한 표준주택이면 충분하지 않을까 생각한다.

다시 한번 더 강조해서 말하지만 친환경주택은 이제 선택이 아니라 필수적인 사항이다. 그런 차원에서 친환경주택을 만들기 위해 고려해야 할 내용들을 몇 가지 정리하며 이 글을 마치려 한다.

첫째, 주택의 의미를 바로 아는 것이 중요하다. 싸게 빨리 지어서 팔기 위한 것이라면 그것은 주택이 아니다. 그냥 부실한 거래 상품에 불과하다. 사실 이러한 집은 짓지도 말고 사지도 말아야 하며 아예 생각조차 할 필요가 없는 것이다. 싸더라도 사람이 사는 집이라면 그 의미를 충분히 생각하고 진행해야 한다. 아니 예산이 부족해서 값싼 집이 되는 것이라면 차라리 규모를 줄이면 된다. 규모가 조금 작아져도 주택의 본질적 의미에 충실한 집이 훨씬 좋다. 주택이란 인간이 육체적인 휴식과 함께 정신적인 재충전을 반복하며 살아갈 수 있게 도와주는 생활의 근본이기 때문이다. 이러한 집은 안전해야 하고, 쾌적해야 하며, 편안해야 한다. 화려하고 감동적인 공간과 형태도 중요하지만 편안하게 살아 갈 수 있는 것이 우선이다. 우선 주택의 본질에 충실한 기획부터 시작해 보자.

둘째, 과장되지 않은 필요한 만큼의 공간규모를 정리해 둘 필요가 있다. 거의 사용하지도 않을 2층을 만들어 냉난방 비용만 증가시킬 것은 아닌지, 여분의 방들을 필요 이상으로 만들어 먼지만 쌓이게 할 것은 아닌지, 화려한 공간적 감동을 위해서 천정고 등을 지나치게 높게 만들고 있지는 않은지 등도 살펴보아야 한다. 단독주택 특히 자연 속에 짓는 전원주택의 경우는 자연과 교류를 확대하려고 선택한 것이다. 그렇기에 공간적인 감동은 가능한 자연 속에서 느끼는 것이 좋다. 집이 크고 과장될수록 투자한 비용이 아까워서 라도 집 밖으로 나갈 수 없을 것이다. 이럴거라면 무엇하러 전원 속에 집을 짓는 것인가. 집안에서는 편안하게 휴식할 수 있게 하고, 환경과 공간적인 감동은 마당에 나가 자연을 통해서 느낄 수 있게 기획하는 것이 좋을 것 같다.

셋째, 모든 일에는 올바른 절차와 순서가 있다. 특히 전문적인 지식과 기술이 필요한 경우는 더욱 그렇다. 주택을 새롭게 기획하고 설계 및 시공하는 과정 역시 마찬가지다. 기획과정에서는 건축주와 건축가가 상호 신뢰를 바탕으로 예산책정과 함께 희망하는 생활의 모습을 서로 이해하는 소통의 절차가 이루어져야 하고, 설계과정에서는 초기 기획을 바탕으로 건축가의 인문학과 공학적 지식은 물론 주택에 대한 올바른 철학을 형상화 할 수 있는 능력으로 업무가 진행되며, 시공과정에서는 주택설계를 제대로 이해하고 기술적으로 실행할 수 있는 능력이 필요하다. 그런데 간혹 건축가와 시공자의 역할을 이해하지 못하고 주택상담과 업무의뢰를 하는 과정에서 순서가 바뀌는 오류가 발생하기도 한다. 어쩌면 몰라서 그럴 수도 있고 또는 알면서도 건축가와 시공자의 역할이 큰 차이가 없다고 생각했을 수도 있다. 그러나 소프트웨어와 하드웨어를 구분하고 있듯이 설계와 시공도 정확히 구분하고 이해해서 절차에 따른 업무가 진행되도록 해야 한다. 절차와 순서가 잘못되면 낭비와 부실의 가능성이 높아진다. 시공사를 찾아가 주택설계를 의뢰하는 일은 맞는 절차와 순서가 아니다.

넷째, 친환경주택의 기본은 오래살 수 있는 건강하고 안전한 집을 만드는 것이다. 집이 지나치게 춥거나 더운 것, 비가 새고 곰팡이가 피는 집, 환기가 안 되고 답답한 집, 기초가 부실해서 벽에 금이 가는 집 등 기술적이고 구조적인 하자를 비롯해서 순간적인 건축디자인 패션에 심취해서 잦은 변경을 시도하는 경우 등도 환경파괴를 일으키는 가장 근본적인 행위가 된다. 친환경주택은 엄청난 이론과 기술로 무장해서 진행해야만 하는 것이 아니다. 태양광 패널이나 지열방식의 에너지계획을 세우지 않아도 된다. 가장 나쁜 것은 짓고 부수는 행위를 자주 반복하는 일이다. 그 과정에서 엄청난 지구자원이 훼손될 것은 너무도 자명한 일이다. 가능한 처음부터 충분히 생각해서 기획하고, 꼭 필요한 부분을 중심으로 설계하며, 하자없는 꼼꼼한 시공이 이루어져야 한다. 주택을 만드는 일은 모두 정상적인 절차와 노력으로 이루어지기를 희망하고 있다. 편법으로 부실한 주택이 만들어지는 경우는 꼭 문제를 일으키기 때문이다. 장수명주택은 친환경주택을 만드는 첫 번째 과정이다.

다섯째, 주택을 짓고 생활하며 철거하는 과정까지 많은 자원을 사용하게 된다. 당연히 환경에 부담이 될 것이다. 그렇기에 최대한 환경에 부담을 주지 않는 자원의 사용방법에 대해서 고민해야 한다. 자원의 종류는 처음에 적었던 것과 같이 1차 자원인 흙과 물, 3차 자원인 생명체 순환자원 등 물리적인 형상을 갖고 있는 유한한 유형자원과 2차 자원인 해와 바람 등의 무한한 무형자원들이 있으며 이들을 어떻게 사용하는가에 따라 환경에 부담을 주는 정도가 달라진다. 가능한 한 천연상태로 사용할 수 있다면 환경으로 다시 돌려보내는데도 문제가 적을 것이다. 가공을 하면할수록 그만큼의 에너지와 환경오염이 생기기 마련이다. 말끔하고 예쁘게 보이는 것이 때에 따라서는 환경의 오염을 가속화 시킬 수도 있음을 생각해 봐야 한다. 주택의 물리적 형상을 위한 유형적 자원의 사용에 있어 천연상태의 자원에서 드러나는 투박하고 거친 모습의 아름다움을 느낄 수 있으면 좋겠다. 그러나 그 무엇보다 중요한 것은 환경에 전혀 부담을 주지 않는 것이다. 해와 바람이라는 자원이 그것임을 꼭 기억했으면 좋겠다.

여섯째, 주택을 신축하거나 철거하는 과정에서 많은 에너지 소모와 환경오염이 발생한다고 했지만 그보다 더 많은 에너지 소모와 환경오염은 사람이 주택에 거주하며 살아가는 과정에서 발생한다. 냉난방 에너지, 조명 등의 전기에너지, 쓰레기 및 폐기물 발생 등 오랜 시간에 걸쳐 꾸준히 환경을 오염시켜 간다. 친환경주택은 이러한 생활과정에서의 환경오염을 방지하는데도 많은 신경을 쓰고 있다. 고효율 에너지기기나 신재생에너지 생산 또는 쓰레기 처리의 합리화에 대해서도 고민한다. 그러나 이때 가장 중요한 것이 사람의 생활방식이다. 그 어떤 고효율 기기보다 좋은 효과를 낼 수 있는 것이 사람의 환경보호에 대한 인식의 전환이며, 사소한 에너지 기기의 작동보다는 사람이 스스로 움직여 행동하는 것이다. 인간동력이라고도 불리는 이러한 인간의 활동은 건강에도 도움이 되는 특징이 있다. 우리가 친환경주택을 말함에 있어 인간동력을 빠뜨리고 기계의 효율향상에 열정을 쏟아 붓는 것은 정말 옳은 방법이 아니다. 기계에 의존하지 않고 인간이 참여하는 주택을 만드는 것이 친환경주택에서의 필수항목임을 기억해야 한다.

그 누구도 자신의 행동으로 지금의 위태로운 지구 환경이 회복되는 거대한 일이 발생할 거라고 생각하지는 않을 것이다. 그렇기에 여기서 말하는 친환경주택은 거창한 지구환경회복을 우선으로 주장하는 것이 아니다. 그냥 자신과 가족을 위해서 친환경주택을 지어야 한다는 설명이다. 친환경주택은 지구환경회복 이전에 인간에게 건강과 안전 그리고 쾌적함을 제공해 주는 집이기 때문이다. 그런 집에서 가족들과 행복하게 살 수 있다면 친환경주택의 목적은 달성하는 것이다. 그런데 그 과정에서 어린 자녀들이 이렇게 생각할 수 있다. "우리 집은, 우리 가족은 지구환경 회복을 위해서 노력하고 있는 훌륭한 집이고 멋진 가족이다." 지금의 지구에서 앞으로 우리의 어린 자녀들이 살아갈 것이며 그들이 더 환경을 생각하고 있음을 기억했으면 좋겠다.

마지막으로 지금까지의 글을 통해서도 친환경주택을 선택하는데 망설여진다면 인터넷 포털 검색창에 다음 낱말을 넣고 클릭해 보기 바란다.

'1.5도'